NEW YORK

L'ATLANTE SEGRETO

T.M. Rives e Hannah Frishberg

EDIZIONI JONGLEZ

© Clay Banks - Unsplash

Concepire questo atlante è stato per noi un piacere immenso. Ci auguriamo che esso costituisca uno strumento per continuare a scoprire gli aspetti insoliti, segreti o ancora poco noti di New York, esattamente com'è stato per gli autori. I riquadri tematici che accompagnano la descrizione di alcuni luoghi permettono di far luce su certi punti riguardanti avvenimenti storici particolari o riferiscono alcuni aneddoti per consentire di comprendere meglio la città in tutta la sua complessità. *New York - L'atlante segreto* consente inoltre di guardare con occhi nuovi numerosi particolari visibili nei luoghi che frequentiamo a volte tutti i giorni senza neppure notarli. È un invito ad osservare con maggiore attenzione il paesaggio urbano e, più generalmente, un mezzo per guardare la nostra città con la curiosità e l'attenzione solitamente riservate ai luoghi che si visitano in occasione di un viaggio...

N
80
80
PASSAIC
CLEVELAND, DETROIT, CHICAGO ↑
280
ESSEX
95
95
280
NEW JERSEY
78
78
95
78
HUDSON
Newark Bay Bridge
78
Newark
Jersey City
Newark Bay
UNION
95
Goethals Bridge
Bayonne Bridge
278
278

WESTCHESTER
BERGEN
BRONX
P. 204
George Washington Bridge
Harlem
Hudson River
P. 158
Randall's Island
Central Park
La Guardia
Lincoln Tunnel
P. 172
Queensboro Bridge
NEW YORK
P. 108
MANHATTAN
P. 132
QUEENS
Midtown
Queens Midtown Tunnel
Flushing Meadows
P. 70
River
Holland Tunnel
Ellis
Downtown
P. 48
Brooklyn Heights
NEW YORK
Governors Island
P. 14
Liberty Island
Upper Bay
Prospect Park
John F. Kennedy
BROOKLYN
KINGS
Verrazano-Narrows Bridge
Jamaica Bay
87
95
80
278
678
295
495

A SUD DI CHAMBERS STREET

DA CHAMBERS STREET A HOUSTON STREET

DA HOUSTON STREET ALLA 14TH STREET

DALLA 14TH STREET ALLA 42ND STREET

DALLA 42ND STREET ALLA 59TH STREET

UPPER WEST SIDE (59TH - 110TH)

UPPER EAST SIDE E CENTRAL PARK

UPPER MANHATTAN

A SUD DI CHAMBERS STREET

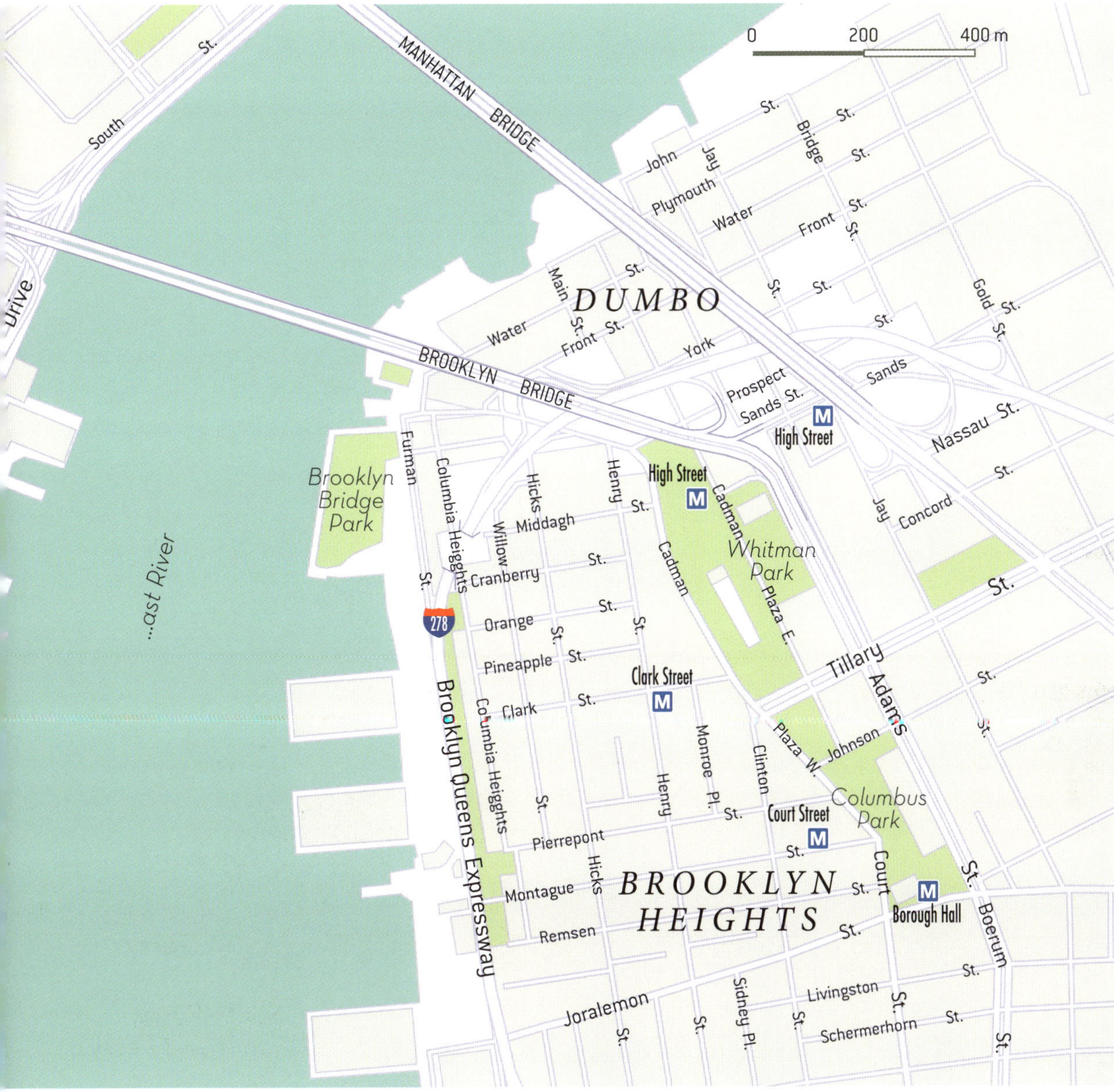
0 200 400 m
MANHATTAN BRIDGE
BROOKLYN BRIDGE
DUMBO
BROOKLYN HEIGHTS
Brooklyn Bridge Park
Whitman Park
Columbus Park
...ast River
High Street
Clark Street
Court Street
Borough Hall
Brooklyn Queens Expressway
278
South St.
Drive
John St.
Jay St.
Bridge St.
Plymouth St.
Water St.
Front St.
Main St.
York St.
Gold St.
Prospect St.
Sands St.
Nassau St.
Concord St.
Furman St.
Columbia Heights
Hicks St.
Henry St.
Cadman Plaza E.
Cadman Plaza W.
Middagh St.
Willow St.
Cranberry St.
Orange St.
Pineapple St.
Clark St.
Tillary St.
Adams St.
Johnson St.
Monroe Pl.
Clinton St.
Pierrepont St.
Montague St.
Remsen St.
Court St.
Boerum St.
Joralemon St.
Sidney Pl.
Livingston St.
Schermerhorn St.

01.

31 Chambers Street
Linee J e Z /Chambers Street
Linee 4, 5 e 6 / Brooklyn Bridge - City Hall

I SIGILLI DELLA CITTÀ NEL SURROGATE'S COURT

La storia di New York attraverso i suoi simboli

La città abbonda di esempi di sigilli ufficiali ma sono rari i newyorchesi che sarebbero in grado di descriverli. I sigilli sono come le monete: ricchi di simboli ma così comuni che nessuno fa attenzione ai dettagli. Sono anche finestre sul passato. Uno dei luoghi ideali per ripercorrere la storia della città attraverso i suoi sigilli è l'edificio della Surrogate's Court.

I sigilli sono raffigurati nei pennacchi dei tre archi sopra l'entrata, in ordine cronologico. All'estrema destra sono riprodotti un europeo e un algonchino accanto a un blasone araldico. L'europeo ha in mano una sonda – un filo a piombo per misurare la profondità dell'acqua – che lo identifica come marinaio, allusione alla colonizzazione del Nuovo Mondo attraverso il mare e all'importanza di New York come centro portuale. L'indiano ha un arco e una corona di piume in capo, alla moda algonchina. Al centro del blasone c'è una grande X: le pale di un mulino. Tra le pale si distinguono dei castori, la cui pelliccia era ricercata dai primi coloni – l'origine della ricchezza di New York e l'unico motivo per insediarvisi –, e dei barili di farina, una derrata che la città controllò in maniera esclusiva e grazie alla quale si arricchì fin dagli inizi della sua storia. Al di sopra c'è un mezzo globo sormontato da un'aquila americana.

Spostandosi a sinistra, sul sigillo successivo, l'aquila è sparita, sostituita da una corona imperiale della Gran Bretagna, prima dell'indipendenza. La data 1686 indica l'anno in cui a New York venne accordato lo statuto di città. Un altro passo a sinistra ed ecco la Nuova Amsterdam olandese: il castoro ora se ne sta beato in cima al sigillo della *vecchia* Amsterdam. Ecco l'origine delle pale del mulino: una serie di croci di sant'Andrea che figurano nel blasone di quella città. Un ultimo passo: il sigillo dei Nuovi Paesi Bassi, con l'eterno castoro e, intorno al blasone, una cintura di *wampum*, due diverse forme di moneta locale che risalgono all'alba della colonizzazione, quando New York era una colonia di poveri reietti su un'isola paludosa.

La costruzione del palazzo del Surrogate's fu portata a termine prima del 1915, anno in cui fu istituito il primo sigillo di New York. L'ultima versione è visibile all'interno, sulla pedana dell'agente di sicurezza. Altri sigilli ufficiali figurano sulla bandiera della città, sui distintivi dei poliziotti e sui certificati dell'ispettorato d'igiene nelle vetrine di quasi tutti i ristoranti.

02.

City Hall, a Broadway, tra Murray e Warren Street
Linee N e R / City Hall
Linee 2 e 3 /Park Place
Linee J e Z / Chambers Street
Linee 4, 5 e 6 / Brooklyn Bridge – City Hall

THE LIBERTY POLE

Il primo sangue della rivoluzione

Da molto tempo New York ha l'abitudine di cancellare il proprio passato: per questo motivo il ruolo fondamentale che svolse durante la guerra di indipendenza si è molto attenuato nell'immaginario americano. New York rappresentava la chiave di volta del vantaggio militare e gli inglesi lo sapevano: conquistare la città significava dividere le colonie in due. Anche George Washington lo sapeva: le prime battaglie si svolsero a Boston ma, quando gli inglesi furono sconfitti, il generale si affrettò a difendere Manhattan. Molti americani apprendono con stupore che, prima del massacro di Boston e delle battaglie campali del 1776, il primo sangue del conflitto fu versato a New York. A City Hall c'è un monumento a memoria di questo conflitto: the liberty pole, il Palo della libertà.

Prima e dopo la Rivoluzione, nelle città americane furono eretti molti pali della libertà. Si trattava di lunghe pertiche piantate nel terreno che si ispiravano all'Albero della libertà di Boston (un olmo intorno al quale si riunivano i dissidenti). Quello di New York divenne il simbolo della discordia tra i due campi: a turno i Figli della Libertà lo innalzavano e gli inglesi lo abbattevano. Il 16 dicembre 1769 fu messo in circolazione un mordace articolo anti-inglese in onore dei newyorchesi traditi. L'articolo parlava di tirannia e dispotismo ed era firmato: "Un figlio della Libertà". Per gli inglesi fu la goccia che fece traboccare il vaso. Alcuni soldati del 16° reggimento fecero saltare in aria il palo con polvere da sparo, lo tagliarono a pezzi e stamparono il proprio articolo in cui attaccavano i "veri nemici della società" i quali "credevano che la libertà dipendesse da un pezzo di legno". Le giubbe rosse attaccarono questo bando su tutti i muri della città.

I collezionisti di curiosità storiche saranno soddisfatti nell'apprendere del ruolo svolto da alcune corna di ariete nella vicenda che seguì. Il 19 gennaio 1770 il commerciante e patriota newyorchese Isaac Sears e l'amico Walter Quackenbos acciuffarono due soldati che stavano attaccando l'avviso; ne nacque una colluttazione. Quando gli inglesi tirarono fuori le baionette, Sears ebbe l'idea di gettare addosso ai soldati le corna di ariete che aveva in mano. Giunsero rinforzi da entrambi gli schieramenti e nella battaglia di Golden Hill (oggi John Street) molti furono feriti e un patriota fu ucciso.

In seguito, in prossimità del terreno comunale, nel campo di un privato, venne piantato un palo di pino di 25 metri ricoperto di ferro. In cima, come sul palo del City Hall, una girandola dorata con una sola scritta: LIBERTY.

LIBERTY

03.

Saint Paul's Chapel, 209 Broadway
trinitywallstreet.org/about/stpaulschapel - 212-233-4164
Linee A, C, 2, 3, 4 e 5 / Broadway – Nassau Street
Linea E / Chambers Street
Linea 6 / Brooklyn Bridge – City Hall

LA CORONA DEL PULPITO DI ST PAUL'S

L'ultimo simbolo reale di New York

Portata a termine nel 1766, la St Paul's Chapel è la più vecchia chiesa di Manhattan ancora in piedi. All'interno si può vedere il banco dove George Washington assisteva alla messa, sopra il quale pende il primissimo sigillo a colori degli Stati Uniti. Queste vestigia assieme al fatto che Washington venisse qui a pregare dopo essere stato eletto presidente (alcuni isolati più a sud in Wall Street) rendono in qualche modo la chiesa la più americana del paese. Un dettaglio rivela tuttavia il suo passato coloniale (e quello della città): il pulpito e la cassa armonica (entrambi originali) sono sormontati da una corona dorata. In tutta New York è probabile che sia l'unico simbolo del dominio britannico sopravvissuto alla rivoluzione americana.

Nel 1765, durante i tumulti che scoppiarono in seguito alla detestata legge sulla tassa di bollo, una folla di newyorchesi fornì un assaggio della sua collera ai governatori delle colonie. Era il preludio dell'insurrezione generale scoppiata alla proclamazione dell'indipendenza. Il congresso provinciale di New York approvò l'accordo il 9 luglio 1776 e, alle 18.00, il documento in cui si sanciva la rottura dell'America dal Regno di Gran Bretagna venne letto ad alta voce alle truppe riunite nel Common (oggi City Hall). La reazione fu vigorosa: "Mio Signore" scrisse William Tyron (il governatore della colonia) al segretario di Stato britannico "le colonie confederate si sono dichiarate indipendenti; troverete, in questo plico, una copia della loro dichiarazione di indipendenza, promulgata il mese scorso nelle strade di New York: la statua del re è stata abbattuta, insieme agli stemmi reali in Municipio, le chiese sbarrate e, per quanto è stato in potere agli insorti, strappati tutti gli emblemi della monarchia".

I "simboli della Monarchia" più celebri eliminati dagli "insorti" furono la statua di Giorgio III e gli elementi decorativi dell'inferriata che circondava Bowling Green (s.v. pag. 38). Per avere un contatto sensoriale con la storia, basta passare la mano sulle estremità irregolari dei montanti: su alcuni si avverte ancora il filo della sega che tagliò le corone. Quella che si trova in cima al pulpito di St Paul's fu probabilmente risparmiata perché la chiesa era stata barricata contro i vandali.

04.

Three World Financial Center
All'angolo tra Vesey Street e West Street
Linee 1, 2 e 3 / Chambers Street o Park Place
Linee A e C / Chambers Street
Linea E / World Trade Center

THE HARBORS OF THE WORLD

Una delle più grandi pitture murali del mondo

Il Three World Financial Center, anche noto come l'American Express Tower, vanta il più imponente ciclo di pitture murali della storia del commercio portuale: *The Harbors of the World* di Craig McPherson. L'opera si sviluppa sulle quattro pareti dell'ingresso della torre: pannelli alti più di 10 metri e lunghi in tutto un centinaio. L'effetto è ancora più sorprendente se ci si mette di fronte. Una fotografia, come spiega McPherson, non è in grado di riprodurre le dimensioni e l'atmosfera di questa pittura né di catturare l'estensione di un paesaggio portuale fino al largo. "Le forme si dissipano troppo in fretta e, tra le altre distorsioni, la linea di fuga si sposta". Servendosi di materiale per il rilevamento topografico, l'artista adottò un particolare procedimento di prospettiva e dedicò molti mesi allo studio della posizione migliore per ogni scena. Selezionò i porti in funzione della loro importanza, diversità e configurazione. Oltre a New York, figurano splendidi panorami di Venezia, Istanbul, Hong Kong, Sydney e Rio de Janeiro. Gli assistenti di McPherson applicarono i disegni sulla tela tesa e stesero il primo strato di grigio; l'artista realizzò da solo il resto dell'opera, tre metri di pittura al mese. Ogni città è caratterizzata da un colore e da un'atmosfera: Venezia è uggiosa, Hong Kong luccica nei toni verde-blu, Sydney è luminosa.

Come tutti gli immobili del quartiere, anche il Three World Financial Center è stato danneggiato dagli attentati dell'11 settembre. Pezzi di vetro e calcinacci sono caduti accanto alle pitture murali e il Winter Garden, sul lato della baia, è stato in parte sepolto sotto le putrelle fumanti. Un custode osserva che, malgrado le pitture siano rimaste intatte, in quelle che rappresentano New York – uno *skyline* incandescente nella notte –, le Twin Towers sembrano divorate da fiamme profetiche.

New York ha la fama di essere il più bel porto naturale dell'Oceano Atlantico e forse del mondo. Sandy Hook e Rockaway Point riparano la città dall'oceano. Oltre questi punti, lo stretto di Verrazzano calma le acque fino all'Upper Bay, dove il fiume Hudson sfocia dallo Stato di New York. Questo sito unico è all'origine del successo della città. Fino alla fine del XX secolo, porto e finanza erano due facce della stessa medaglia.

05.

290 Vesey Street
Linee A e C / Chambers Street
Linee N e R /City Hall
Linee 2 e 3 / Park Place

THE IRISH HUNGER MEMORIAL

Un angolo d'Irlanda sui tetti

"È con immenso dispiacere che ci vediamo costretti a sospendere la pubblicazione per annunciarvi che la peronospera della patata si è manifestata in Irlanda", dichiarava il *Gardeners' Chronicle* nel settembre 1845.
Questo microscopico fungo parassita sterminò in meno di dieci anni una grande fetta della popolazione irlandese.
Più di un milione di persone morì di fame; quasi il doppio emigrò. Questa tragedia e i sentimenti di nostalgia e sfasamento ad essa connessi, sono celebrati nel monumento alla grande carestia di Battery Park City.
Ci sono molti luoghi a New York in cui si ha l'impressione di non trovarsi in città. Uno di questi è il più piccolo parco di Manhattan (s.v. pag. 226): il memoriale della grande carestia produce questa sensazione di spaesamento più di qualsiasi altro angolo di New York. L'illusione è quella di essere in Irlanda, non in un vago "altrove".
Quando si ammira dal basso il monumento, sospeso a otto metri dal suolo, non ci si può immaginare che custodisca i resti di un vecchio casolare dell'epoca della carestia e che tra le erbacce ci sia un sentiero bordato da muretti in pietra.
Tutte le piante sono state portate dall'Irlanda e ovunque ci sono rocce che provengono dalle 32 contee irlandesi. Rannicchiatevi tra i pruni e le digitali accanto ad un pezzo delle città di Limerick o di Kilkenny e non vedrete che l'Irlanda e il cielo.

© CTA ARCHITECTS

Alzatevi e vedrete la Statua della libertà.
Sulle pareti del tunnel di roccia calcarea che conduce al Memoriale, sono incisi i testi che evocano le sofferenze causate dalla grande carestia.
Vi è un elenco delle piante di cui si nutrivano gli irlandesi durante il flagello della peronospera: ortiche, denti di leone, ecc.
Durante l'emigrazione di questa massa di disperati, la popolazione di New York divenne per un quarto irlandese. "Gli stranieri", titolò all'epoca un giornale contro l'immigrazione, "sono dei morti di fame, gente di passaggio e buoni a nulla": parole che qualcuno ha ripreso ai nostri giorni per descrivere le nuove ondate di immigrati.

Ci sono voluti molti anni prima che gli americani di origine irlandese si sbarazzassero dei "marchi infamanti" del cattolicesimo, della povertà e del crimine.
Verso il 1860, il flusso di immigrati iniziò a calare. Un secolo dopo, fu eletto presidente John F. Kennedy.

Oggi gli americani di origine irlandese sono più numerosi a New York che in qualsiasi altra città degli Stati Uniti.

06.

Orologio: all'angolo tra Maiden Lane e Broadway
William Barthman Jewelers: 176 Broadway
williambarthman.com
Linee 4 e 5 / Fulton Street
Linee N e R /Cortlandt Street
Linee A, C, J e Z /Fulton Street

IL SIDEWALK CLOCK DI MAIDEN LANE

Un tic-tac sotto i piedi

William Barthman Jewelers, a Broadway, è l'ultimo bastione dell'intensa attività dei gioiellieri del sud di Manhattan che risale alla fine del XVIII secolo. La gioielleria è qui da 130 anni, un record di servizio confermato dalle foto storiche appese nel negozio e dalla naturale cortesia del personale dietro i banchi. L'iniziativa commerciale più brillante di questa gioielleria rimane comunque l'orologio sul marciapiede, all'angolo di Maiden Lane. "Ci conoscono grazie a questo orologio", ammette Connie, la direttrice.
William Barthman, il fondatore, raffinò il concetto dell'orologio urbano collocando il proprio sotto i piedi della gente. Su quest'angolo di strada il marciapiede sembra vivo: il vetro di cristallo e le lancette si sottomettono coraggiosamente all'incessante andirivieni dei pedoni (qualcuno ne ha contati 50.000 in tre ore). Regolarmente revisionato e sincronizzato, l'orologio è dotato di un meccanismo elettrico che, dopo l'11 settembre, è stato sostituito. Guilo, l'orefice di Barthman, indica una sottile fessura nel marciapiede che, all'altezza delle cifra 12, entra in contatto con il quadrante di bronzo. "L'11 settembre è stato un vero terremoto", afferma. "L'orologio non è stato danneggiato perché è coibentato, ma si sono prodotte delle microfessure". Connie non pare per nulla preoccupata: "Ci sotterrerà tutti".
Il quadrante dell'orologio è fissato al marciapiede mediante viti, tuttavia per regolare il meccanismo bisogna agire dal di sotto. Guilo apre una porta su Maiden Lane e mi fa scendere per mostrarmi le viscere della storia di Barthman: polvere, riscaldamento, apparecchi di ventilazione e raccoglitori d'archivio che risalgono a un secolo fa. Sotto l'orologio è stato allestito un piccolo laboratorio provvisto di strumenti per tagliare, limare e lucidare i gioielli. Dopo aver tolto dal soffitto un pezzo di plastica ondulata Guilo mostra orgogliosamente il lato inferiore dell'orologio. La luce filtra intorno al quadrante, tremolando al ritmo dei passi sul marciapiede. Quando poi, dall'altro lato del muro in cemento, passa un treno della linea 6, tutto inizia a rimbombare. Di ritorno sulla strada, due cassieri di un negozio di integratori alimentari, a pochi metri da qui, confessano di non aver mai notato prima l'orologio. "Devo averlo calpestato centinaia di volte" confessa uno dei due". "Ma questa è New York. Dopo un po' tutto diventa routine. Scrivilo nella tua guida".

WILLIAM
BARTHMAN
SINCE
1884
E
S
N
W

07.

70 Pine Street
Linee 2 e 3 / Wall Street

IL MODELLO IN SCALA DELL'AMERICAN INTERNATIONAL BUILDING

Un titano emarginato

Una prova dello splendore di un grattacielo è che anche il suo modello in scala ridotta può essere utilizzato come elemento decorativo all'interno del grattacielo stesso. I tre grattacieli più famosi di New York lo confermano: le hall d'entrata del Woolworth Building, del Chrysler Building e dell'Empire State Building sono abbellite con i loro modellini. Alcune sculture in pietra raccontano la storia del Woolworth: una di queste raffigura l'architetto che tiene in mano il grattacielo; un'altra lo stesso Woolworth, il magnate della finanza (che iniziò la sua carriera come fattorino), nell'atto di contare scrupolosamente i suoi soldi.

L'American International Building (AIB), in Pine Street, ha portato questa pratica ad un altro livello, utilizzando un modello ridotto del grattacielo, alto 3,5 m e scolpito in scala sulla pietra, sulle facciate nord e sud. Alla base della scultura vi è una versione ancora più piccola: la copia della copia. Una tale cura potrebbe apparire fuori luogo per un edificio il cui nome non è conosciuto dalla maggior parte dei newyorchesi, tuttavia la costruzione è all'altezza dei leggendari grattacieli già citati. Quando fu inaugurato, rappresentava l'edificio più grande *downtown* (e lo ridivenne dopo l'11 settembre 2001). Uno stile gotico strabiliante: la punta in pietra bianca della torre evoca le cime innevate; una terrazza consente una vista ineguagliabile sull'estremità meridionale di Manhattan e l'Upper Bay. I celebri ascensori a due piani venivano un tempo azionati da splendide donne dalle chiome rosse che, secondo un dépliant erano ingaggiate "tra le showgirl disoccupate" che, dopo la Depressione del 1929, pare non mancassero visto che era addirittura possibile scegliere il colore dei loro capelli. Stranamente, però, il grattacielo non ha mai colpito l'immaginazione pubblica.

Forse New York era semplicemente stanca. La costruzione dell'AIB ebbe inizio nel 1930, nella frenesia della "corsa dei grattacieli" al titolo del più alto del mondo: il Chrysler Building era in gara con quello della Bank of Manhattan (che superò sul filo del traguardo, "svelando" all'ultimo minuto una guglia di 38 m), prima di essere entrambi battuti dall'Empire State Building nel 1931. Dopo essere stato portato a termine, lo stesso AIB era più alto del Bank of Manhattan Building. Ma ormai era troppo tardi, la gara era conclusa.

Oggi l'Empire State Building domina Manhattan. Per 75 anni l'AIB ha detenuto il titolo del più alto edificio di New York, ma mai del più alto del mondo. Perse il titolo nel 2007, detronizzato dal New York Times Building.

08.

Trinity Cemetery
74 Trinity Place (Broadway all'altezza di Wall St)
trinitywallstreet.org
Linee 1, N e R / Rector Street
Linee 4 e 5 / Wall Street

TRINITY CEMETERY

Messaggi dall'oltretomba

La pietra tombale più vecchia del cimitero della Trinity Church è quella di Richard Churcher, che morì nel 1681 all'età di cinque anni. Si tratta di una piccola e resistente lastra che, curiosamente, ha due lati: sul lato posteriore c'è l'altorilievo di una clessidra alata e sul lato inferiore un teschio. Un messaggio inequivocabile: il tempo "vola" e poi... puf. Poco più in là, nell'estremità nord del cimitero, vicino al Soldier's Monument (Monumento al milite ignoto), si trova la tomba di James Leeson che morì un secolo dopo. Anche qui è incisa una clessidra alata, accompagnata da simboli massonici. Sopra questi due motivi, seguendo la curva naturale della pietra, si può leggere un messaggio codificato la cui decifrazione ha richiesto degli anni.

Questo strano codice è composto da quadrati incompleti che a volte contengono dei puntini (uno o due) oppure sono vuoti. La soluzione dell'enigma sta nel capire il motivo per cui i quadrati sono privi di lati: come caselle nel gioco del tris. I puntini indicano varie tappe dell'alfabeto, saltando la lettera j perché, all'epoca, poteva essere sostituita dalla lettera i.

A prescindere dal suo significato, il codice conferisce al messaggio una certa importanza. Si rivolge a un(a) amante segreto(a)? Indica il luogo di un tesoro, una ricetta di torta alle mele senza calorie?

La soluzione è abbastanza deludente: remember death ("Ricordati che devi morire"). Rimane un mistero il motivo per cui James Leeson si sia dato tanto da fare a codificare un messaggio che avrebbe potuto essere chiaramente e silenziosamente trasmesso con un simbolo – l'unico messaggio che è inutile svelare a qualcuno che visita un cimitero. Ma non possiamo lamentarci, visto che il messaggio non era destinato a noi. Il codice è noto come "cifrario massone" e, per quanto banale, non è sfuggito agli amici di Leeson.

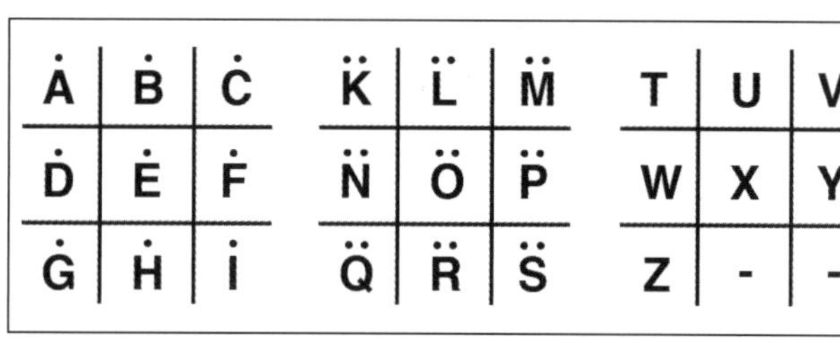

Soluzione dell'enigma della pietra tombale della Trinity

Here lies
depofited the Body of
James Leefon
Life
1794

09.

23 Wall Street
Linee 2 e 3 / Wall Street

LE TRACCE DELL'ESPLOSIONE DAVANTI ALLA BANCA MORGAN

La cicatrice di Wall Street

Il 16 settembre 1920, all'ora di pranzo, un carretto trainato da cavalli che, traballando, percorreva Wall Street, si fermò davanti alla sede della banca J. P. Morgan & Co. Si trattava di un carretto talmente normale che le descrizioni dei testimoni erano discordanti. Trasportava un carico che avrebbe fatto tremare la storia: un detonatore a tempo, dei pezzi di metallo seghettati ed una carica di esplosivo, probabilmente dinamite. Mentre le campane della vicina Trinity Church battevano mezzogiorno, il timer scattò.

"Sono stato letteralmente sollevato da terra, dichiarò più tardi il fattorino, e la violenza della deflagrazione mi ha strappato il cappello." L'onda d'urto fece vibrare i vetri dei grattacieli di tre isolati. Un reporter del *Sun & New York Herald* descrisse la scena in un linguaggio che evoca un disastro più recente: "Improvvisamente un fragore inondò il cielo blu, in una frazione di secondo un tuono mortifero si abbatté sulla zona più frequentata del quartiere della finanza americana, trasformandola in un lampo in un mattatoio." Il cavallo fu letteralmente polverizzato: gli zoccoli furono ritrovati nel cimitero di Trinity.

Ci furono trentotto morti e centinaia di feriti. L'esplosione a Wall Street fu il più grave attentato dinamitardo negli Stati Uniti prima di quello di Oklahoma City (1995), ed il peggiore che conobbe New York prima dell'11 settembre 2001. Una task force del governo esaminò tutti gli indizi ed effettuò numerosi interrogatori; l'inchiesta si protrasse per tre anni e si risalì fino alla Russia. Non si riuscì tuttavia a identificare chi aveva collocato la bomba, né il gruppo a cui apparteneva. In realtà, è poco probabile che si trattasse di un pazzo che agiva autonomamente. Infatti, gli inizi del XX secolo rappresentarono un periodo molto difficile di lotte sanguinose tra i padroni e i lavoratori. Nel 1920 qualsiasi cittadino adulto avrebbe potuto elencare almeno una dozzina di attentati contro i simboli delle autorità americane: tentativi di assassinio del Presidente, pacchi-bomba, attentati dinamitardi a treni e stabilimenti.

Oggi la maggior parte delle persone è sorpresa nell'apprendere dell'esplosione avvenuta a Wall Street, d'altro canto è quasi una "tradizione" dimenticarla. Infatti, già all'epoca della celebrazione del quinto anniversario dell'attentato, un giornalista del *Wall Street Journal* notò che gli impiegati ignoravano il motivo per cui il muro di marmo della Banca Morgan fosse crivellato di fori, peraltro ancora visibili. "Come fa presto il tempo – scrisse – a cancellare il ricordo di eventi così drammatici".

10.

Entrata al 55 Water Street
Linee N e R / Whitehall Street
Linee J e Z / Broad Street
Linee 2 e 3 / Wall Street

L'ACRO SOPRAELEVATO

Una certa calma

Bisogna che la città abbia un rapporto complesso con la natura per celebrare un piccolo rettangolo d'erba! È questo il destino dell'Elevated Acre ("l'acro sopraelevato"), a sud di Manhattan. Deve il suo nome al culto di cui è oggetto: questa porzione di verde è forse l'unico elemento che separa gli impiegati più sensibili del Financial District dal baratro della malinconia. Quando il sole scalda, pare che l'erba cambi colore un ultimo istante prima di confondersi con lo squallido tetto su cui è stata confinata. Poco importa la "quantità" di natura relegata su questo tetto, quante persone ne approfittano (al mattino nessuno) o che l'erba sia un prato artificiale color smeraldo. Quel che piace è la combinazione del paesaggio urbano (altezza, geometria e modernità) con il concetto dell'umile prato. Favoloso oppure orribile, in base all'umore.

Vi si accede attraverso il settore più largo e più trafficato di Water Street, dove gli immobili paiono una confraternita di giganti. Si arriva "in cielo" con un ascensore lungo e bellissimo.

La parte sud dell'acro è composta da isolotti di piante che lo suddividono in spazi più o meno privati dove ciascuno, a seconda dello stato d'animo, trova la sua oasi di pace.

A nord, alcuni gradini di cemento portano al "sacro" prato, più in basso. Questo è il luogo dove, dall'alto delle loro finestre, gli impiegati che sgobbano nei grattacieli circostanti guardano con invidia o compassione quelli che prendono il sole d'estate o che giocano vertiginosamente al frisbee. Per vederlo, basta sporgersi dalla ringhiera che impedisce di cadere due piani più in basso in Old Slip: la vista di un prato a strapiombo su una strada trafficata è davvero surreale.

Uno dei motivi più validi per andare a visitare l'Elevated Acre è il panorama circostante. Sull'altra sponda dell'East River si vede Brooklyn Heights, fino alle gru di Red Hook. A monte, il fiume scorre sotto i ponti di Brooklyn e di Manhattan; a valle si distingue la Governor's Island. Se si è alla ricerca di un angolo di pace, il chiasso delle macchine che filano sull'East River Drive e gli elicotteri che decollano dall'eliporto possono infastidire, tuttavia, appoggiati al parapetto, davanti al fiume esposto al vento, si apprezzerà la qualità di questo spazio: un'isola di tranquillità nel caos generale.

11.

Fraunces Tavern - 54 Pearl Street
frauncestavern.com/museum.php
Linee N e R / Whitehall Street
Linee 4 e 5 / Bowling Green
Linea 1/South Ferry

IL DENTE DI GEORGE WASHINGTON

Le curiose reliquie della Fraunces Tavern

La Fraunces Tavern, fondata nel 1762, ha conservato il ristorante al piano terra. Il primo piano è stato trasformato in un museo che appassionerà i cultori della guerra di indipendenza americana: dipinti, armi, articoli di giornale, diari intimi e due curiose reliquie: un ciuffo di capelli ed un pezzo di dente di George Washington. La taverna rivendica il primato della "più vecchia costruzione ancora in piedi di Manhattan", ma di quel che rimane molto poco è ancora originale. Quel che si vede oggi è il risultato del fedele restauro completato nel 1907, dopo che l'immobile scampò alla demolizione (i proprietari volevano raderlo al suolo per costruirvi un parcheggio). La taverna consente di farsi un'idea precisa di com'era New York poco dopo la rivoluzione. Fu l'ultima residenza di Washington, generale delle forze rivoluzionarie americane, e il luogo in cui fece il suo discorso di addio agli ufficiali al termine del conflitto. L'importanza dell'edificio si accrebbe quando, nella città improvvisamente diventata la capitale della nuova nazione, la taverna venne utilizzata come uffici dei primi ministeri della Guerra, delle Finanze e degli Affari Esteri.

La grande sala in cui Washington pronunciò il discorso di commiato è rimasta così com'era il 4 dicembre 1783. Benjamin Tallmadge, un ufficiale dei servizi segreti, presente alla cerimonia, racconta che il generale, prima di prendere formalmente congedo, abbia alzato il calice dichiarando che "il suo cuore traboccava di amore e gratitudine". Il diario di Tallmadge, in esposizione, è aperto alla pagina in cui è descritta questa scena.

Ma Washington avrebbe voluto che alcuni frammenti della sua persona fossero in futuro esposti in un museo? "La prima cosa che i visitatori vogliono sapere, riferisce il giovane alla ricezione, è se un giorno sarà possibile clonarlo". Le reliquie sono custodite in una teca. Il dente, difficile da vedere, è montato su un pendente; i capelli, stranamente castani (ma si perdonerà agli americani di credere che Washington avesse dei riccioli bianchi già dalla nascita), sono in una cornice rotonda. Il dente è un po' inquietante perché non è intero, come se, alla morte, il corpo del presidente fosse stato ridotto in piccoli pezzi, come il caso della reliquia della Croce. Ma i mal di denti del primo presidente erano leggendari. Quando prestò giuramento (a pochi isolati da qui, in Wall Street), gli restava un solo dente a cui era attaccato un ripugnante marchingegno fatto di avorio di ippopotamo, oro, denti umani e molle a spirale.

Tooth fragment
Dr. John Greenwood
United States, 1789-1798
Contrary to American legend, Washington's dentures were composed of animal and human teeth, not wood. Dr. John Greenwood made five separate sets for Washington who seems to

12.

Bowling Green Park
Linee 4 e 5 / Bowling Green

LA RECINZIONE DI BOWLING GREEN

Una delle più antiche costruzioni di Manhattan

Bowling Green, all'estremità di Broadway, è il parco più antico di New York. Questo giardino circolare è anche il teatro dell'episodio più ironico delle Guerra d'indipendenza degli Stati Uniti.

Nel 1765, entrò in vigore lo Stamp Act (legge sul francobollo), il cui obiettivo era finanziare l'esercito britannico obbligando tutte le società coloniali a utilizzare carta affrancata. Un provvedimento semplice, facile da applicare ma, ripensandoci, poco efficiente: la collera che suscitò fu il primo passo dei coloni verso la ribellione, e a New York la reazione fu particolarmente brutale: fu incendiata la macchina del governatore di Sua Maestà e il suo ritratto fu bruciato proprio a Bowling Green. Solo l'abrogazione della legge riportò la calma. Nel 1770 gli inglesi dettero ulteriormente prova di scarsa lungimiranza spedendo a New York una statua equestre di re Giorgio III. Finanziata dai newyorchesi e collocata al centro del giardino, la statua era un blocco di due tonnellate di piombo dorato. La doratura le conferiva un tocco gradevole ma l'uso del piombo, come si vedrà poi, fu un'idea infausta.

I newyorchesi saranno felici nell'apprendere che New York ha una lunga tradizione di graffiti e vandalismo. Mentre la tensione saliva, la statua fu talmente oltraggiata che intorno ad essa fu necessario costruire una recinzione in ferro battuto. Il 9 luglio 1776, nel Common di New York (l'odierno City Hall Park) fu letta per la prima volta la Dichiarazione d'Indipendenza e una folla di civili e soldati ebbri di libertà abbatté la recinzione e demolì la statua. Mentre re Giorgio veniva fatto a pezzi, un ribelle particolarmente ispirato considerò che con le due tonnellate di piombo si sarebbero potute ottenere parecchie munizioni. Ne furono realizzate esattamente 44.088, ma non si sa quanti soldati inglesi uccisero. Alcune parti della statua ed anche il blocco in marmo su cui poggiava sono conservati presso la New York Historical Society.

La recinzione invece è sempre là: domina la metropoli da due secoli e mezzo ed è una delle più antiche costruzioni di Manhattan.

BOWLING
GREEN

13.

1 Bowling Green
Linee 4 e 5/Bowling Green
Linea 1/South Ferry
Linea R/Whitehall Street
Linee M, J e Z/Broad Street

LA STATUA DEL BELGIO ALLA CUSTOMS HOUSE

Quando il Belgio sostituì la Germania

Le tensioni politiche si riflettono raramente sull'architettura di una città; la Customs House (Ufficio doganale) in Bowling Green è una strana eccezione. Sulla cornice superiore dell'edificio si ergono dodici statue di marmo che rappresentano le grandi nazioni marinare del mondo. La terza, partendo da destra, è il Belgio. Il Belgio, un Paese che ha solo 64 chilometri di coste?
La Customs House (che oggi ospita l'ala newyorchese del *National Museum of the American Indian*), progettata nel 1900, avrebbe dovuto essere l'edificio più imponente della città. Gli affari commerciali del mondo intero transitavano per questo indirizzo e la statuaria evoca il tema del commercio internazionale. Al livello inferiore dell'edificio troviamo le allegorie femminili dei quattro continenti di Daniel Chester French; al piano superiore, le teste scolpite di Mercurio, dio romano del commercio, e alcuni ritratti delle "otto razze dell'umanità". Sulla cornice, le dodici grandi potenze marinare storiche e moderne sono state scolpite in pose regali. Il Belgio affiancato, da un lato, dal Portogallo e dalla Danimarca, e dall'altro, dalla Francia e dall'Inghilterra, è stato surclassato. Il motivo? Un tempo, al posto dell'allegoria del Belgio si trovava l'allegoria della Germania. Dopo la dichiarazione della prima Guerra mondiale, fu deciso che una nazione nemica non poteva figurare su un edificio governativo e William McAdoo, l'allora ministro delle Finanze, chiese allo scultore tedesco di trasformare la Germania nel Belgio. Al ministro non importava che il Belgio, a quell'epoca, non avesse una marina militare: era un alleato dell'America, diamine!
La storia non finisce qui. La realizzazione di queste allegorie era stata affidata a un manipolo di scultori di diverse provenienze, solo la Germania era stata scolpita da uno scultore di origine tedesca. Cittadino americano, Albert Jaegers aveva lasciato l'Europa quand'era bambino e si era affermato poi come artista specializzato nella realizzazione di temi germanici. Quando il ministro gli chiese di rovinare la sua stessa opera, questi rifiutò. Il rifiuto venne scambiato per una forma di tacita lealtà nei confronti del Kaiser, che in passato aveva decorato l'artista. Chiamato a comparire dinanzi alla National Sculpture Society, Jaegers fece notare che l'identità di una statua non poteva essere modificata con una semplice operazione di camuffamento e la sostituzione di una targhetta.
Ma nonostante ciò fu diffamato: i simboli nazionali dell'allegoria vennero grattati via e, sullo scudo, venne incisa la parola *BELGIUM*.

BELGIUM

14.

Estremità nord di Battery Park,
alla confluenza tra Battery Place e State Street
nycgovparks.org/parks/batterypark/highlights/8094
Linee 4 e 5 / Bowling Green

IL MONUMENTO AI PAESI BASSI

Una manciata di perle del valore di 24 dollari

Il 7 dicembre 1926, la Netherland-America Foundation presiedette ad una cerimonia a Battery Park. Faceva così freddo che non si presentò praticamente nessuno e i componenti della fanfara rimasero rannicchiati nei taxi. Si celebrava il 300° anniversario dell'insediamento della prima colonia olandese a Manhattan. In quell'occasione fu inaugurato un grosso piedistallo di pietra rosa destinato a sorreggere un'asta di bandiera: scolpito da un olandese e finanziato da olandesi, esiste tuttora. Se si conosce anche solo un aneddoto della storia di New York, in genere è la celebre "Sale of Manhattan" (vendita di Manhattan), in base alla quale i colonizzatori olandesi acquistarono l'intera isola dagli indiani per una manciata di perle del valore di 24 dollari.

I newyorchesi adorano questa leggenda in cui l'utopista trionfa e lo zotico perde la camicia. Ma la leggenda è falsa, come testimonia un dettaglio sul piedistallo rosa: il copricapo di guerra degli indiani. Un errore spesso visibile a New York: erano gli indiani delle pianure che indossavano questi copricapi, non gli Algonchini. Alcuni diranno che si tratta di una minuzia, ciò tuttavia obbliga a riconsiderare l'evento. Per prima cosa, non esiste un atto di vendita di Manhattan. All'origine della famosa manciata di perle, c'è semmai l'atto di vendita di Staten Island. È probabile che Manhattan, come Staten Island, sia stata acquistata in cambio di strumenti, tessuti e wampum (s.v. pag. 96), ma la leggenda sottolinea le perle, come se gli indiani fossero stati abbagliati da questi gingilli al punto da rinunciare alla propria primogenitura. Si legge in una lettera olandese, unica traccia della transazione: "I nostri uomini sono felici e vivono in pace. Per 60 fiorini hanno acquistato dai selvaggi l'isola di Manhattan". È tutto quello che sappiamo. Ed è stato definitivamente stabilito che 60 fiorini equivalgono a 24 dollari.

Ma cos'è un dollaro? Gli europei non avevano alcuna idea del valore che gli Amerindi attribuivano al denaro, per non parlare della proprietà terriera. Lo testimonia il fatto che, per "acquistare" Staten Island, gli olandesi dovettero provarci cinque volte. Probabilmente per gli indiani, la "vendita di Manhattan" corrispondeva più o meno all'"affitto di Manhattan", oppure stavano prendendo merci per un territorio con il quale non avevano alcuna connessione. Ci sono validi motivi per credere che gli indiani Lenapi, che vendettero Manhattan, rientrarono a casa ridacchiando all'idea che questi piccoli marinai pallidi e flaccidi, che puzzavano di liquame e formaggio, avessero potuto compiere un viaggio simile per venire a farsi imbrogliare.

15.

Battery Park, a nord-ovest di Castle Clinton
nycgovparks.org
Linee 4 e 5 / Bowling Green
Linea 1 / South Ferry
Llinee N e R /Whitehall Street

IL MONUMENTO AI MARINAI DELLA MARINA MERCANTILE

Nessun superstite!

Su un frangiflutti di pietra, due marinai in bronzo si stringono la mano sul ponte di un'imbarcazione che sta affondando. Uno dei due cerca di salvare un compagno che sta per essere inghiottito da un'onda; l'altro giunge le mani a megafono per chiedere aiuto. Il monumento ai marinai della Marina mercantile ha un subitaneo potere drammatico perché si ispira ad una foto che ha una storia ricca di eventi. La foto è giunta fino a noi grazie a un uomo il cui nome non appare sul monumento.

George W. Duffy aveva appena vent'anni quando, nel settembre del 1942, la nave mercantile su cui era imbarcato venne affondata da un incrociatore tedesco al largo delle coste del Sudafrica. I superstiti furono trasferiti su una nave nemica dove rimasero a languire per un mese. Sfogliando il *Berliner Illustrierte Zeitung*, Duffy si imbatté nel resoconto di una petroliera americana silurata. L'articolo era corredato di una foto in cui, su una zattera, erano raffigurati sette marinai che, come Duffy, appartenevano alla marina mercantile. Considerando che questo documento un giorno li avrebbe divertiti e "pensando ingenuamente – come egli scrisse – che la guerra non sarebbe durata a lungo", strappò la pagina per conservarla.

Duffy e gli altri prigionieri furono consegnati ai giapponesi. Trascorse i tre anni successivi nei campi di prigionia a Giava, Singapore e Sumatra prima di essere liberato dagli inglesi nel 1945, insieme agli altri "scheletri ambulanti". La foto della rivista era rimasta nascosta nel suo equipaggiamento militare. "Dopo la guerra – scrisse – l'ho fatta vedere a tutte le compagnie petrolifere di New York. Nessuno riusciva ad identificare i sette uomini". Per quarant'anni la faccenda non ebbe ulteriori risvolti fino a quando, agli inizi degli anni '80, uno storico fece analizzare la foto dall'FBI. L'ingrandimento di un giubbotto salvagente permise per la prima volta di identificare il nome della petroliera: Muskogee. La foto era stata scattata da un giornalista tedesco dal sottomarino che l'aveva affondata. I marinai ritratti erano le ultime immagini di uomini che sarebbero morti: negli archivi si scoprì che a bordo della Muskogee nessuno era sopravvissuto. "Nessun superstite! – scrisse Duffy – E dire che avevo cercato questi marinai per anni".

Per il monumento, inaugurato nel 1991, lo scultore francese Marisol si ispirò alla foto di Duffy.

16.

Ellis Island
I biglietti per il ferry-boat si acquistano a Castle Clinton in Battery Park
nps.gov/elis/index.htm

LE COLONNE CON I GRAFFITI DI ELLIS ISLAND

Gli altri immigrati

La storia tradizionale di Ellis Island è a senso unico: la Statua della Libertà sorregge fieramente in mano una fiaccola per accogliere le navi che entrano in rada. Raramente si sente parlare di navi che partono nell'*altra* direzione: tutta quella gente che, dopo essere sbarcata a New York – con quale coraggio e quanti sacrifici! – si vede respinta e rimandata via. Al terzo piano dell'edificio principale, esattamente sopra la grande sala di registrazione, ci sono due colonne, interamente ricoperte di graffiti a matita, che raccontano la vita di questi poveretti.

Barry Moreno, bibliotecario e storico di Ellis Island, ha scritto *The Encyclopedia of Ellis Island* e *The Statue of Liberty Encyclopedia*. Dal suo ufficio vede le due colonne. "I turisti possono rendersi conto delle migliaia di immigrati che sbarcavano ogni giorno a Ellis Island: un'immigrazione massiccia. Questa è la storia dell'isola. Tutto questo avvenne tra il 1892 e il 1924". Nel 1925 il governo americano stabilì delle quote: a partire da quell'anno, fino alla Seconda guerra mondiale, Ellis Island si trasformò in un centro di detenzione per stranieri non graditi. "C'erano prostitute – precisa Barry Moreno – ex-detenuti, barboni, nomadi. Straccioni appena usciti dall'ospedale o da un orfanotrofio. Pazzi ed epilettici. Ubriaconi ..."

Alcuni vivevano già da anni negli Stati Uniti; altri erano arrivati dal Messico o dal Canada, prima che venissero effettuati i controlli alle frontiere. In genere, si facevano arrestare al primo reato – a Seattle, Kansas City o Chicago –, e se non riuscivano a provare di essere entrati legalmente nel territorio nazionale, venivano messi sui treni per New York. "Centinaia di detenuti - aggiunge Barry Moreno - che venivano poi inviati a Ellis Island".

Oltre le colonne, c'era la Special Inquiries Division (Commissione speciale d'inchiesta), dove venivano esaminati i casi d'espulsione. Gli immigrati, appena arrivati, erano controllati e spediti in città nel giro di poche ore, mentre i detenuti rimanevano in attesa per giorni. Per ammazzare il tempo, ribellarsi o per lasciare la traccia del loro passaggio nel paese che li aveva rifiutati, scarabocchiavano i muri: caricature di funzionari, animali, volti e teneri ritratti femminili. Un italiano, in particolare, lasciò un messaggio che attesta la sua entrata legittima negli Stati Uniti: "Cecchini, Giuseppe. Arrivato a Battery sabato 18 maggio 1901".

DA CHAMBERS STREET A HOUSTON STREET

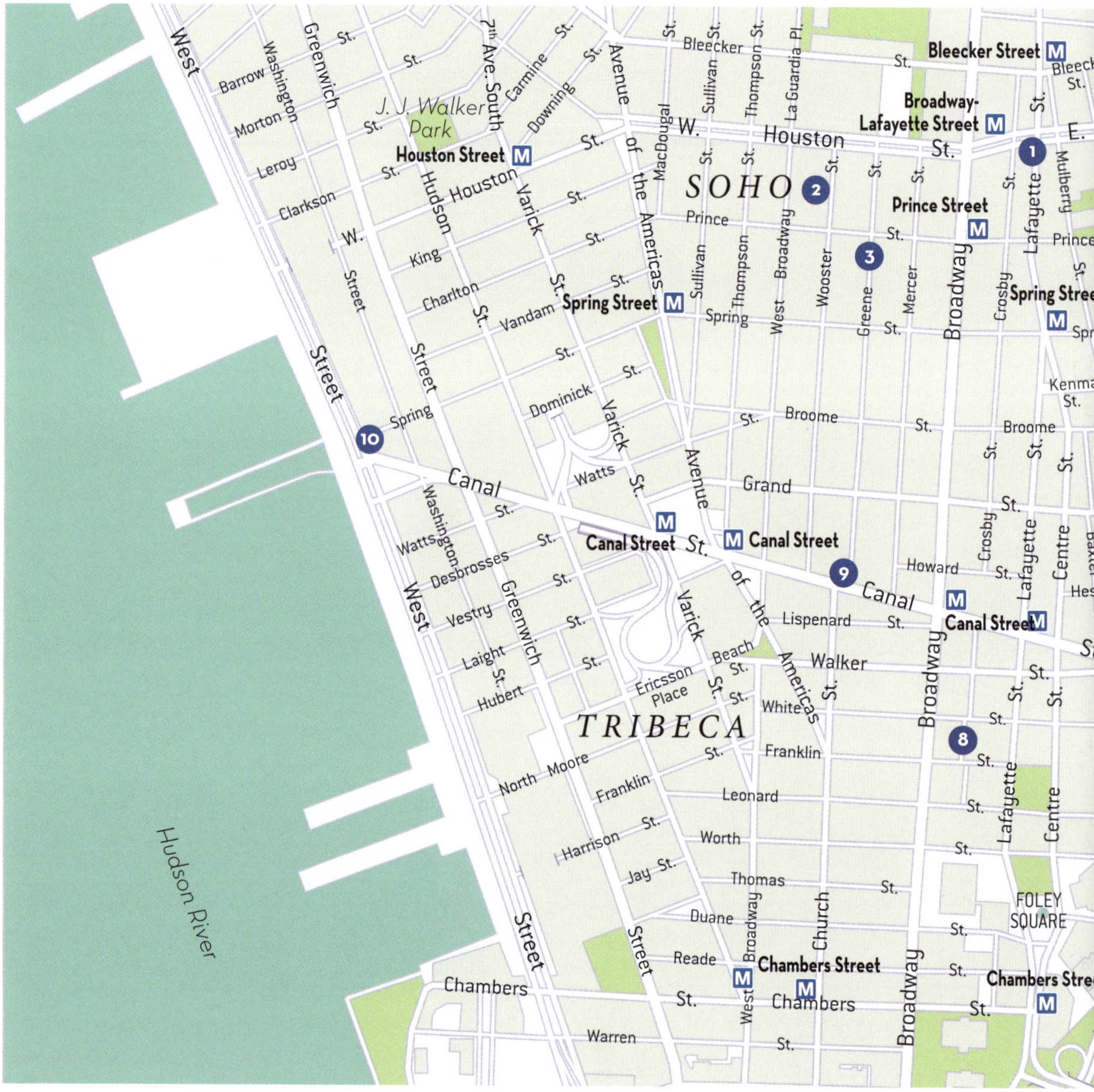

07. IL CIMITERO DELLA CONGREGAZIONE SHEARIT ISRAEL *p. 62*

08. IL "MMUSEUMM" *p. 64*

09. I MARCIAPIEDI TRAFORATI *p. 66*

10. IL CAPANNONE DEL SALE DI SPRING STREET *p. 68*

01.

Foto 1: 5th Avenue, all'altezza della 110th Street
Linea 4 e 6 /103rd St
Foto 2: Jersey Street
Linee B, D, F e M / Broadway – Lafayette

I COPERCHI DELLE BOTOLE DEL CROTON AQUEDUCT

Vestigia di un progetto idraulico

Sul perimetro dei coperchi di due botole, ben visibili in Fifth Avenue e in Jersey Street a SoHo, si legge ancora *Croton Aqueduct*. Sono tra le ultime vestigia del gigantesco progetto di ingegneria civile che nel XIX secolo permise la fornitura di acqua dolce a Manhattan. Uno dei coperchi (s.v. foto 2) pare sia il più vecchio della città.

Manhattan è circondata dall'acqua, quindi è logico pensare che l'acqua potabile non dovrebbe essere un problema. In realtà l'acqua dei fiumi che la bagnano è salata: due di questi, l'Harlem River e l'East River, non sono fiumi, ma braccia di mare. Le sorgenti e i ruscelli, che un tempo fornivano acqua dolce ai coloni, furono progressivamente inquinati e interrati, e gran parte della popolazione, sempre in aumento, dovette ricorrere a cisterne, pozzi e barili di acqua piovana. Si possono immaginare le principali conseguenze: malattie, infezioni e crescente rischio di incendi. Altre sono meno evidenti: l'alcolismo (l'alcool era più salubre dell'acqua) e la creazione della Chase Manhattan Bank, che fu dapprima un servizio essenzialmente fittizio di distribuzione d'acqua per ricchi.

Con la costruzione dell'acquedotto di Croton tutto cambiò: semplicemente sfruttando la gravità, si fece scorrere l'acqua dolce dalle sorgenti naturali più adatte, in questo caso il fiume Croton, localizzato 65 km a nord. I lavori iniziarono nel 1837 e, cinque anni dopo, a Manhattan venivano utilizzati ogni giorno 227 milioni di litri d'acqua, ad un ritmo di caduta di 30 cm al chilometro. All'epoca la città aveva due serbatoi: quello più a sud (il Croton Distributing Reservoir) era una magnifica fortezza i cui muri in granito erano alti 15 metri e spessi 7,5. I newyorchesi amavano passeggiare lungo i bordi per ammirare la città dall'alto e contemplare il luccichio della luna riflessa sui due ettari del bacino.

Il bacino, realizzato in uno stile architettonico vagamente egiziano, avrebbe dovuto soddisfare le necessità idriche della città per secoli. Però dopo appena 50 anni già non era più sufficiente. Fu affiancato da un sistema parallelo (che oggi fornisce ancora il 10% dell'acqua a Manhattan) e l'enorme serbatoio di Croton fu demolito per consentire la costruzione della sezione principale della New York Public Library.

Nel Bronx e a Manhattan ci sono ancora molti resti dell'acquedotto: percorsi, logge, ponti, et cetera.

1

2

02.

141 Wooster Street
diacenter.org
Linee B, D, F e M / Broadway – Lafayette Street
Linee N e R / Spring Street

LA NEW YORK EARTH ROOM

Trent'anni di "semplicemente sporco"

Se la storia di New York è la storia dell'immobiliare, quella dell'Earth Room, in Wooster Street, è una storia dell'orrore. Al secondo piano di un edificio di imitazione rinascimentale, in uno dei quartieri più caldi della città, vi è un loft con una stanza piena di fango: 1.100 metri quadrati di fango ed uno spessore di 56 cm per un totale di 140 tonnellate. Per i committenti della fondazione Dia Art, *The Earth Room* è "una scultura d'interno in terra" – in realtà è solo una stanza molto sporca.

Lungo Cobbled Wooster Street si allineano i negozi di scarpe e le boutique. Il solo elemento che indica che il n° 141 ospita l'opera di uno dei più importanti artisti americani è una targhetta che suggerisce al visitatore di premere il pulsante 2B. Non appena si accede alla stretta scala si può già annusarne il contenuto. "Perfetto, – dirà William Dilworth dietro il banco della ricezione, – temevo che, con gli anni, la puzza se ne sarebbe andata". Dilworth è il curatore a tempo pieno della scultura. Ha il sorriso dolce e l'aria contemplativa di qualcuno che trascorre le sue giornate a sorvegliare 140 tonnellate di terra inerte. "La annaffio, la rivolto e la rastrello." Di tanto in tanto strappa delle erbacce che crescono perché si tratta comunque di terra, viva, scura e umida. In questo immenso spazio non c'è nient'altro; solo una barriera in vetro che arriva alle ginocchia e che separa dalla terra.

L'autore di quest'opera, Walter De Maria (nato nel 1935), è un artista paesaggista minimalista, noto soprattutto per il suo *Lightning Field*: 400 piloni in acciaio inossidabile allineati in mezzo al deserto del Nuovo Messico. Dilworth è in grado di rispondere a qualsiasi domanda e fornire tutti i dettagli riguardanti il suo progetto, ma lascia valutare al visitatore le proprietà magnetiche dello sporco. Sono stati effettuati dei fori nel pavimento per verificarne le buone condizioni. L'origine di questa terra è incerta, ma Dilworth suppone che provenga da "qualche parte in Pensylvania". De Maria l'ha scelta per il colore.

Dia La Dia Art Foundation ha avuto una funzione pionieristica nella riorganizzazione di spazi industriali urbani in una prospettiva artistica. La fondazione si pone come obiettivo il finanziamento di installazioni in situ come la Earth Room, visitabile fin dal 1980. Un'altra opera di De Maria commissionata dalla Dia Art Foundation si trova a due isolati di distanza, al 393 di West Broadway: The Broken Kilometer – 50 steli in rame lunghi due metri sul pavimento.

141

03.

110 Greene Street
Linee N e R / Prince St

LA FLOATING MAP DI GREENE STREET

Brulicanti, come formiche o elettroni

C'è uno strano disegno sul marciapiede di Greene Street, indecifrabile di primo acchito. Sembrerebbe quasi un circuito o l'ingrandimento di un organigramma e l'ipotesi non è del tutto sbagliata. Si tratta di un disegno in acciaio inossidabile, opera d'arte urbana dell'artista e architetto belga Françoise Schein, e a lungo è stata la più grande pianta della metropolitana di New York.
"La mia vita d'artista è iniziata – scrive nel commento al suo progetto – sui marciapiedi di SoHo." Françoise Schein sbarca a New York nel 1978 per studiare urbanistica alla Columbia University. Impegnata negli studi matematici agli inizi dell'era informatica, rimane estasiata dalla potenza dei trasporti newyorchesi. "La metropolitana mi affascina: la sporcizia, la vita, i graffiti. E i milioni di passeggeri che ogni giorno l'affollano, brulicanti come formiche o come gli elettroni di un computer ...". Mentre sorvolava New York, prima dell'atterraggio, ebbe un lampo di genio osservando dall'oblò le luci della città che si avvicinavano: era come se si fosse tuffata in un gigantesco microchip.
Françoise Schein avrebbe ben presto avuto l'occasione di tradurre queste impressioni in un'opera. Infatti nel 1984 un promotore immobiliare, Tony Goldman, le chiese di trasformare il marciapiede davanti al suo palazzo in Greene Street. Schein propose un progetto intitolato Subway Map Floating on a New York Sidewalk. Goldman non esitò un secondo: "Lo compro".
Fedele al principio newyorchese secondo il quale la timidezza è un limite, l'anno seguente l'artista presentò il progetto ad una commissione del Consiglio municipale di SoHo. Un direttore del Servizio trasporti le fece fare più volte la spola. Sotto il suo sguardo caustico, la giovane architetto in T-shirt e scarpe da ginnastica gli spiegò in che modo un gigantesco rebus di filosofia urbana poteva essere utile su un marciapiede. Dopo l'approvazione del progetto, l'artista si mise a tagliare e saldare pezzi in acciaio inossidabile, a realizzare un mosaico sul pavimento e a soffiare vetro per i rosoni delle stazioni. Nel 1985 l'opera ricevette l'Award for Excellence in Design dall'allora sindaco Ed Koch. Questo fu l'esordio di Françoise Schein nell'arte urbana. Le sue opere sono ora visibili anche a Lisbona, Bruxelles, Berlino, Parigi e Stoccolma.

04.

280 Broome Street
kkjsm.org
Linee B e D / Grand Street
Linea J / Bowery
Linea F / Delancey

LA SINAGOGA KEHILA KEDOSHA JANINA

L'unica sinagoga romaniota dell'emisfero occidentale

Tra le centinaia di sinagoghe che costellavano il Lower East Side alla fine del XIX e gli inizi del XX secolo, solo cinque sono ancora luoghi di culto autonomi e una di queste è eccezionale: la Kehila Kedosha Janina in Broome St, l'unica sinagoga romaniota dell'emisfero occidentale.

La storia dei Romanioti è sconosciuta. Questa minoranza israelita, che si distingue dagli Ashkenaziti (originari dell'Europa centrale) e dai Sefarditi (della Spagna e Portogallo), si stabilì in Grecia e le sue tradizioni risalgono all'antica Roma. Come gruppo etnico, i Romanioti furono talvolta, per ignoranza, tenuti ai margini anche dalle altre comunità ebraiche e a New York, dove gli ebrei sono soprattutto Ashkenaziti, rifiutati sdegnosamente. "Tendevano a guardarci dall'alto" osserva la direttrice del Janina Museum. "Come si può essere ebrei se non si parla yiddish? Ma noi eravamo ebrei. E siamo ancora qui".

La Kehila Kedosha Janina può essere contrapposta alla maestosa sinagoga di Eldridge Street, nello stesso quartiere, la cui antica storia riguarda milioni di persone. Rispetto ad essa, la sinagoga romaniota affascina per il carattere intimistico. Un edificio modesto e minuscolo, anche un po' dimesso. Nella sala principale le donne siedono in alto e gli uomini in basso, come esige la tradizione; lo spazio è angusto e inondato dalla luce che proviene dal lucernaio centrale. "Se un uomo si sedeva qui – spiega la direttrice – sua moglie era lassù, di fronte a lui, e si sorvegliavano. Lui poteva dirle di smettere di parlare con le sue amiche e lei poteva dirgli di smettere di leggere il giornale. Penso che la nostra comunità sia meno ossessionatamente ortodossa".

Per la signora Ikonomopoulos, che discende direttamente dai primi Romanioti stabilitisi a New York nel 1927, questo eufemismo la dice lunga. La stessa Torah della sinagoga è caratterizzata da una semplicità funzionale: la corona che decora l'astuccio in olivo è un semplice pezzo di rame dove la stella di David pare sia stata incisa con un chiodo. "Non avevano intenzione di impressionare. – conclude – Cercavano semplicemente un luogo dove sentirsi a casa".

I Romanioti greci sono la comunità israelita presente da più tempo in Europa dopo la diaspora: oltre 2.300 anni.

EXIT
EXIT

05.

Chrystie Street all'altezza di Broome Street
nycgovparks.org/parks/saradroosevelt
Linea F / 2nd Avenue
Linee 4 e 6 / Spring Street
Linea J / Bowery

GLI HUA-MEI DEL SARA D. ROOSEVELT PARK

Un angolo di parco e mille anni di tradizione

Nei bui e appassionanti anni '80, il Sara Delano Roosevelt Park, a Chinatown, era un luogo squallido dove si incontravano soprattutto spacciatori e drogati. Con il passare degli anni, alcuni immigrati cinesi iniziarono a rivendicare una parte del prato per dedicarsi ad un passatempo bello quanto assurdo: l'allevamento e l'esposizione di uccelli canori. Da allora, ogni mattina, quando c'è bel tempo, gli appassionati di questa tradizione ultramillenaria si ritrovano per fumare e chiacchierare, appoggiati al parapetto, e ammirare la massa di uccelli esotici multicolori nelle gabbie di bambù intagliato. La zona riservata agli uccelli è delimitata da una corda a cui sono sospese delle gabbiette contenenti gli uccelli più piccoli. Dietro, sull'acciottolato, in gabbie di maggiori dimensioni, si intravedono uccelli più grandi dal piumaggio giallo scuro, con il becco lucente e occhi straordinari. "Sono gli Hua Mei, – spiega Tommy Chan. – Sono la principale attrazione". Lo Hua Mei è un tordo cinese il cui canto evoca l'amore, come l'usignolo in occidente. Chan è un allevatore e collezionista. Ha lunghi capelli neri raccolti in una coda di cavallo, un berretto di pelliccia e porta anelli d'argento alle dita; i ciuffi della sua barba brizzolata sono legati con degli elastici. Ha tutta l'aria di un esperto: "Al tempo della dinastia Ming i grandi poeti paragonavano le belle donne a questo uccello. Dicevano: " I tuoi occhi sono belli come quelli dell' Hua Mei (in mandarino hua mei significa "sopracciglia dipinte"). E se le dame cantavano bene dicevano: "Canti come l' Hua Mei""".

Il canto di un Hua Mei è certamente poetico. Si potrebbe pensare che se fossero in venti a cantare tutti insieme l'effetto sarebbe assordante ma non è così. Questi uccelli sono molto vivaci; saltellano, si torcono, i più energici si lasciano andare all'indietro tenendosi con gli artigli. Alcuni ruotano la testa di lato, incollano contro la gabbia i loro sorprendenti occhi rotondi e osservano le persone trillando. Ognuno di loro ha un canto particolare. "È ciò che li distingue dalla maggior parte degli uccelli" precisa Chan. "Se siete abituati al canto del vostro Hua Mei, lo riconoscerete". Gli chiediamo se quello che ha in mano è uno dei suoi. Sbattendo le palpebre, Chan spiega la regola numero 1: "Proibito toccare gli uccelli degli altri".

06.

333 Madison Street
staugnyc.org
Linea F / East Broadway o Delancey Street
Linee J, M e Z / Essex Street

LA SLAVE GALLERY A SAINT AUGUSTINE'S

Una panca per gli indesiderabili

Sulle panche della Saint Augustine's Church, in Henry Street, si affaccia una galleria. Dietro questa galleria, sopra i primi posti, si distingue un altro livello, un po' arretrato, dietro una specie di sopraffinestra aperta. Questa rientranza, che risale al 1828, epoca di costruzione delle chiesa, si chiamava la "galleria degli schiavi". Era stata ideata per i praticanti di colore, con l'obiettivo di tenerli il più possibile nascosti.
Dopo aver preso posto sulle panche, la visita inizia con una presentazione generale della storia del quartiere e dell'edificio. In un secondo momento, avviene una svolta sensoriale. I visitatori sono invitati a salire l'angusta scaletta, posta nella parte posteriore, che conduce alla galleria separata, a sedersi su delle semplici panche in legno e a cercare di calarsi nei panni di quelli che erano costretti ad accettare che questo occultamento fosse quello che si meritavano. "Chiudete gli occhi un istante – suggerisce il reverendo Hopper, diacono della chiesa – e immaginate". Quel giorno, la temperatura nella galleria è superiore ai 40°: i visitatori sono in un bagno di sudore. La vista, dall'alto, sui livelli inferiori della chiesa è incorniciata dalla sopraffinestra: si vede solo metà pulpito ma l'effetto è più che visivo. Lo spazio aperto, sottostante, sembra appartenere ad un'altra, lontana dimensione.
Il diacono ha lavorato con il Lower East Side Tenement Museum per il restauro della galleria. Non è stato gettato nulla, neppure un chiodo: su consiglio degli esperti, il lato occidentale della chiesa è stato ridipinto e riportato all'aspetto che aveva 180 anni prima.
Il termine "galleria degli schiavi" (*slave gallery*) è culturalmente corretto, ciononostante solleva degli interrogativi. La schiavitù fu abolita a New York il 4 luglio 1799, in base ad un procedimento di "graduale affrancamento": gli uomini nati prima di questa data sarebbero rimasti schiavi fino a 28 anni e le donne fino a 25 anni. La chiesa di Saint-Augustine fu edificata un anno dopo l'affrancamento dell'ultimo schiavo di sesso maschile, ma l'esistenza della galleria dimostra che la libertà può arrivare dopo la liberazione.

07.

55 St. James Place
shearithisrael.org / 1654society.org
Linee J e Z / Chambers Street
Linee 4, 5 e 6 / Brooklyn Bridge – City Hall

IL CIMITERO DELLA CONGREGAZIONE SHEARIT ISRAEL

Gli altri "pellegrini" americani

Il cimitero della congregazione Shearit Israel non è solo il più antico monumento coloniale di Manhattan, ma anche il più vecchio cimitero israelita degli Stati Uniti.

Il primo ebreo newyorchese di cui esiste traccia si chiamava Jacob Barsimson. Giunto dall'Olanda a bordo del *Pereboom* (Pereto), era incaricato di una missione che influenzò la storia di New York e degli Stati Uniti: verificare se la Nuova-Amsterdam avrebbe potuto accogliere la comunità israelita. In breve, la risposta fu un "sì" (se ci dilungassimo, ci troveremmo a descrivere lo schema di angherie a cui erano abituati gli Ebrei). Pieter Stuyvesant, il governatore della colonia olandese (s.v. pag. 76), non voleva avere nulla a che fare con gli "intrighi" dei colonizzatori ebrei ed il pastore Johannes Megapolensis rilasciò a quell'epoca una dichiarazione che ai nostri giorni farebbe storcere il naso a tutti coloro che ammirano lo straordinario eclettismo culturale di New York. "Tra noi ci sono papisti, mennoniti e luterani – scrisse - numerosi puritani ed atei e, tra gli inglesi, anche dei seguaci di Baal. La confusione aumenterebbe ulteriormente se anche questo popolo ostinato ed inflessibile si insediasse qui."

Ciò non impedì agli ebrei di abitarvi. Due mesi dopo l'arrivo di Barsimson, sbarcò un primo gruppo da Recife (Brasile), giunto in città a seguito di vicissitudini degne di un thriller storico. Sfuggiti all'inquisizione portoghese, scapparono verso l'Europa; furono catturati dai pirati spagnoli e quindi liberati da un corsaro francese.

Un gruppo di ricchi mercanti ebrei giunse in Olanda nel 1655; nello stesso anno la Compagnia olandese delle Indie occidentali accordò alla nuova comunità il diritto di "residenza e pratica del commercio" in città. Gli archivi testimoniano la necessità di questi pionieri ebrei di avere il "loro" cimitero: la prima richiesta fu respinta con la motivazione che nessun ebreo era ancora morto.

Il primo cimitero della congregazione Shearit Israel risale al 1656. Si trovava forse nelle vicinanze di Chatham Square, a due passi dal secondo cimitero, un luogo decisamente poco romantico, malgrado la storia, in cui ci sono alcune pietre tombali con iscrizioni per la maggior parte illeggibili.

Sull'altro lato della strada si trova il Chinatown Martial Arts and Fitness Center e a sud, la lugubre abitazione di Chatham Green.

A nord, all'angolo di Saint James Place e di Oliver Street, un vigile dirige il traffico a suon di fischietto: "Circolare, non c'è niente da vedere".

08.

Cortlandt Alley tra Franklin e White Streets
mmuseumm.com
Linee N, Q, R, J / Canal Street
Linea 6 / Canal Street

IL "MMUSEUMM"

Un minuscolo museo nel vano di un ascensore abbandonato

Mmuseumm è uno spazio espositivo che occupa la superficie di mezzo metro quadrato: si trova nel vano di un ascensore in un vicolo del centro di Manhattan. Si può visitare solo nel fine settimana, ma è sempre visibile attraverso una cancellata scorrevole in acciaio e c'è un numero telefonico per avere informazioni sugli oggetti esposti, che possono quindi essere visti tutti dal di fuori: in questo senso lo si può considerare l'unico museo della città aperto 24 ore su 24. Ma questo è solo uno degli aspetti che lo rende interessante.

"Benvenuti," ci dice Alex Kalman, aprendo il lucchetto e le serrande con gesti solenni, misti a un po' di ironia. La prima cosa da dire su questo spazio minuscolo è che è stato creato con tutti i criteri di un vero museo: disposizione degli spazi, muri bianchi, velluti preziosi, targhette in ottone; c'è addirittura un "bar" (una piccola macchina per espresso) e un "negozio" (una mensola bassa con le matite sulle quali è impresso il logo del museo). E proprio perché ci sono tutti gli elementi di un vero museo, è difficile capire se si tratti o meno di una parodia. Kalman ci spiega: "Noi ci siamo ispirati assolutamente all'idea di un vero museo". Si tratta quasi di un gioco, ma serio. Kalman ha creato questo spazio con i soci di affari e amici dei tempi della scuola, con i quali lavora alla Red Bucket Films (gli uffici sono dietro l'angolo, sulla Broadway). "Noi ci siamo detti: 'perché non possiamo chiamarlo museo?' Per questo abbiamo rispettato tutti i criteri per poterlo definire tale."

L'effetto funziona se gli oggetti esposti riescono a suscitare il vostro interesse, ma questo sarete voi a deciderlo. La presenza di alcuni oggetti nasconde una sorta di enigma. Perché ad esempio quella scarpa marrone si trova qui? Perché è quella scagliata da un giornalista a George W.Bush in Iraq nel 2008. Potete vedere anche oggetti intagliati nel sapone da fanatici neonazisti, nel tempo libero, in prigione. O quella che probabilmente è l'unica collezione di giubbotti antiproiettile per bambini a tema Disney.

"Non è arte per l'arte," dice Kalman, rivelando il principio fondamentale. "Questi sono oggetti che hanno avuto una storia nella nostra società. Attraverso di essi possiamo riflettere sulla nostra cultura".

09.

Greene Street, all'altezza di Canal St
Treni linee N e R / Canal Street

I MARCIAPIEDI TRAFORATI

Un marciapiede trasparente

All'inizio di Greene Street, sul lato di Canal Street, si notano dei pannelli scritti a mano che raccomandano ai pedoni e agli automobilisti di fare attenzione ai "marciapiedi traforati" (hollow sidewalks). Sono un po' inquietanti: paiono mettere i residenti in stato di allerta come se una minaccia potesse ghermirli emergendo dalla crosta terrestre. In realtà si tratta solo di una caratteristica dell'architettura del quartiere.

Un tempo, a SoHo c'erano molte dimore eleganti costruite in mattoni. Verso la metà del XIX secolo, con l'arrivo del commercio all'ingrosso e al dettaglio, i benestanti snobbarono il quartiere. Pian piano, il sud di Houston Street divenne una sorta di centro di rifornimento universale: mercerie, vetrerie, pellicce e tabacco. Venne quindi studiato un particolare tipo di edificio che fosse in grado di soddisfare il mercato, uno spazio che avrebbe ospitato uffici, laboratori e negozi per la vendita al dettaglio. Nell'esigenza di conciliare l'elegante e l'economico, i costruttori ricorsero ad un materiale nuovo: la ghisa. Un uomo d'affari occupava gli uffici all'ultimo piano mentre, nei piani inferiori, si muoveva una massa brulicante di immigrati e, al piano terra, una variopinta pensilina riparava le grandi vetrine dove l'azienda mostrava al pubblico il meglio della sua produzione.

Volgete ora lo sguardo verso il pavimento, in questo punto, e non tarderete a notare un motivo caratteristico: un reticolo metallico di esagoni, dei cerchietti e un vetro rigato, senza asfalto né vernice. Il termine tecnico è pavement light: grosso modo, una specie di marciapiede trasparente. Questi immobili polifunzionali sono dotati di magazzini sotterranei che si estendono su tutta la strada: i cerchi in vetro lasciano passare la luce. In alcuni punti addirittura, la canna di vetro è tagliata in modo tale da deviare la luce verso gli angoli più bui dello scantinato.

L'unico inconveniente è che i marciapiedi sono più fragili: alcuni pannelli intimano ai passanti di non transitare con macchinari troppo pesanti. Una precauzione utile perché alcuni sono crollati. Uno dei dettagli più macabri dell'incendio del 1911 alla Triangle Shirtwaist Factory – il terzo disastro più grave nella storia degli Stati Uniti – è l'immagine dei corpi che precipitano dall'edificio in fiamme e si inabissano nello scantinato attraverso il marciapiede. Un'altra caratteristica: Greene Street non ha nulla di verde. I marciapiedi traforati non sono fatti per gli alberi.

10.

336 Spring Street
Linee 1, 2, A, C e E / Canal Street

IL CAPANNONE DEL SALE DI SPRING STREET

Il sale della terra

Alla fine del molo 34, dove l'Holland Tunnel si tuffa sotto la costa occidentale di Manhattan, i passanti a lungo sono rimasti sorpresi dalle alte torri di mattoni. Di aspetto imponente, evidentemente non hanno mai ospitato nessuno: niente balconi o luci, rare finestre. Queste torri (qui sullo sfondo) sono infatti prese d'aria camuffate del tunnel. Nel 2015, sono state detronizzate dal loro status di più grande enigma del distretto dall'arrivo di un enorme blocco di cemento grezzo, a forma di diamante, sbucato sul terreno nelle vicinanze. Questi due edifici non sono appariscenti, ma guardate l'evoluzione. Le torri sono in mattoni marroni decorati con dettagli eleganti, com'era di rigore nei ruggenti anni Venti. Il nuovo edificio sembra essere caduto da Marte. Cos'è questo mistero?
Un capannone del sale. Quasi 5.000 tonnellate: una vera montagna. Quando Manhattan rabbrividisce sotto la neve, i veicoli stradali (gli "spargisale") vengono a farne scorta durante i loro giri. Volumi e angoli sono direttamente ispirati ai cristalli di sale. Nel design, la forma segue la funzione. Questo capannone non è altro che un enorme cristallo. La struttura segue una logica, ma la sua bellezza poco si preoccupa delle nostre sensazioni. È un deposito di sale che vuole il sale, obbedisce al sale. Il lato a valle disdegna il resto, e le pareti si sporgono in avanti, per ridurre lo spazio del pavimento e naturalmente lasciare più spazio per i pedoni. Ma la loro pendenza corrisponde esattamente a quella di un mucchio di sale i cui cristalli si accumulano naturalmente. Ancora una volta, la chiave è solo un piccolo granello di sale.
Questo capannone è l'opera degli studi Dattner Architects e WXY Architecture & Urban Planning. Delizia gli appassionati di architettura e ha vinto numerosi premi. Richard Dattner sottolinea la forza silenziosa degli umili (la prossima volta che guidate sotto la neve, ringraziate gli spargisale) e sembra quasi non essere più commosso dall'ammirazione che la sua creazione suscita: "È una forma così astratta che chiunque può vederci ciò che vuole. Adoro ascoltare le diverse interpretazioni."

DA HOUSTON STREET ALLA 14TH STREET

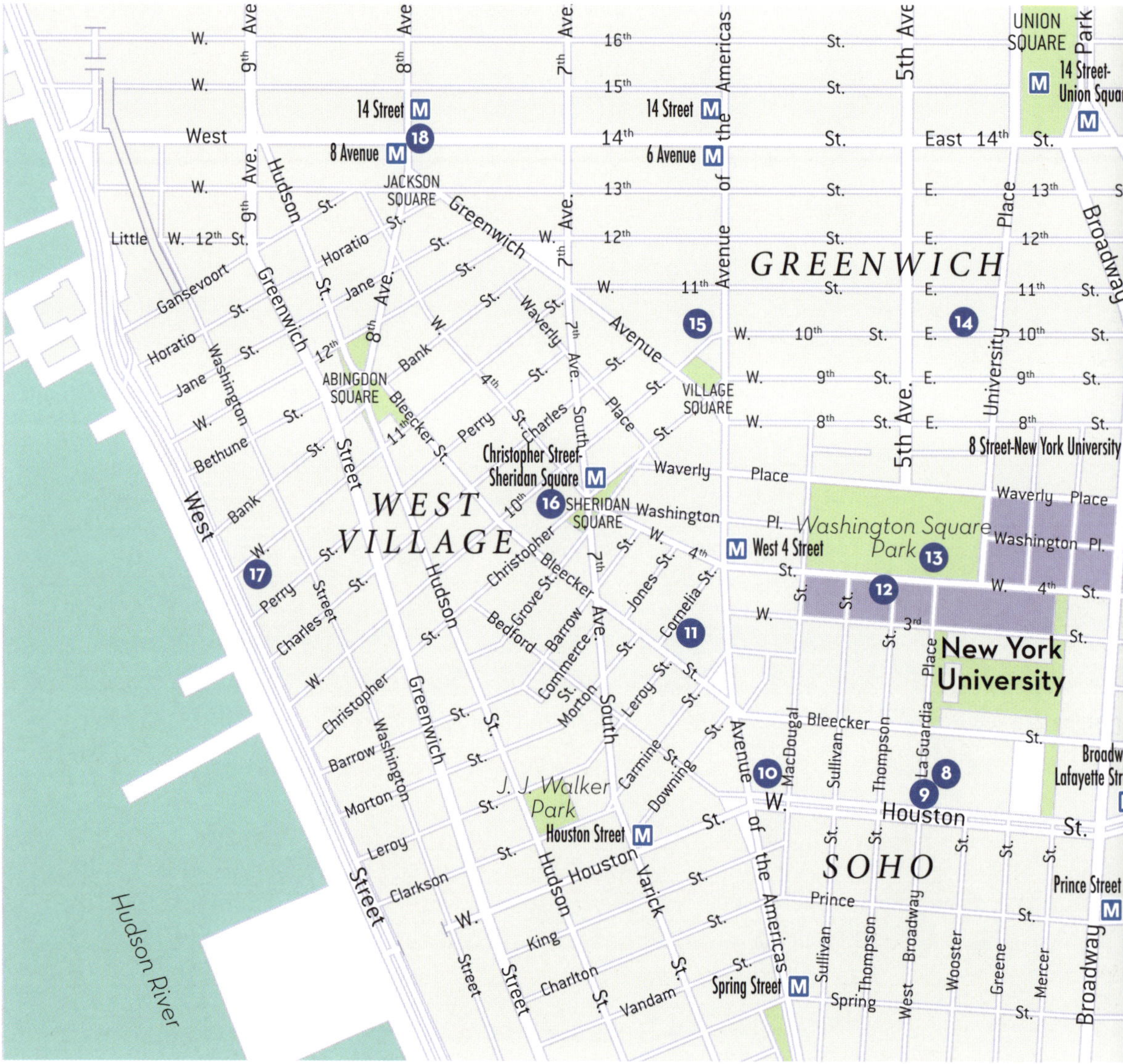

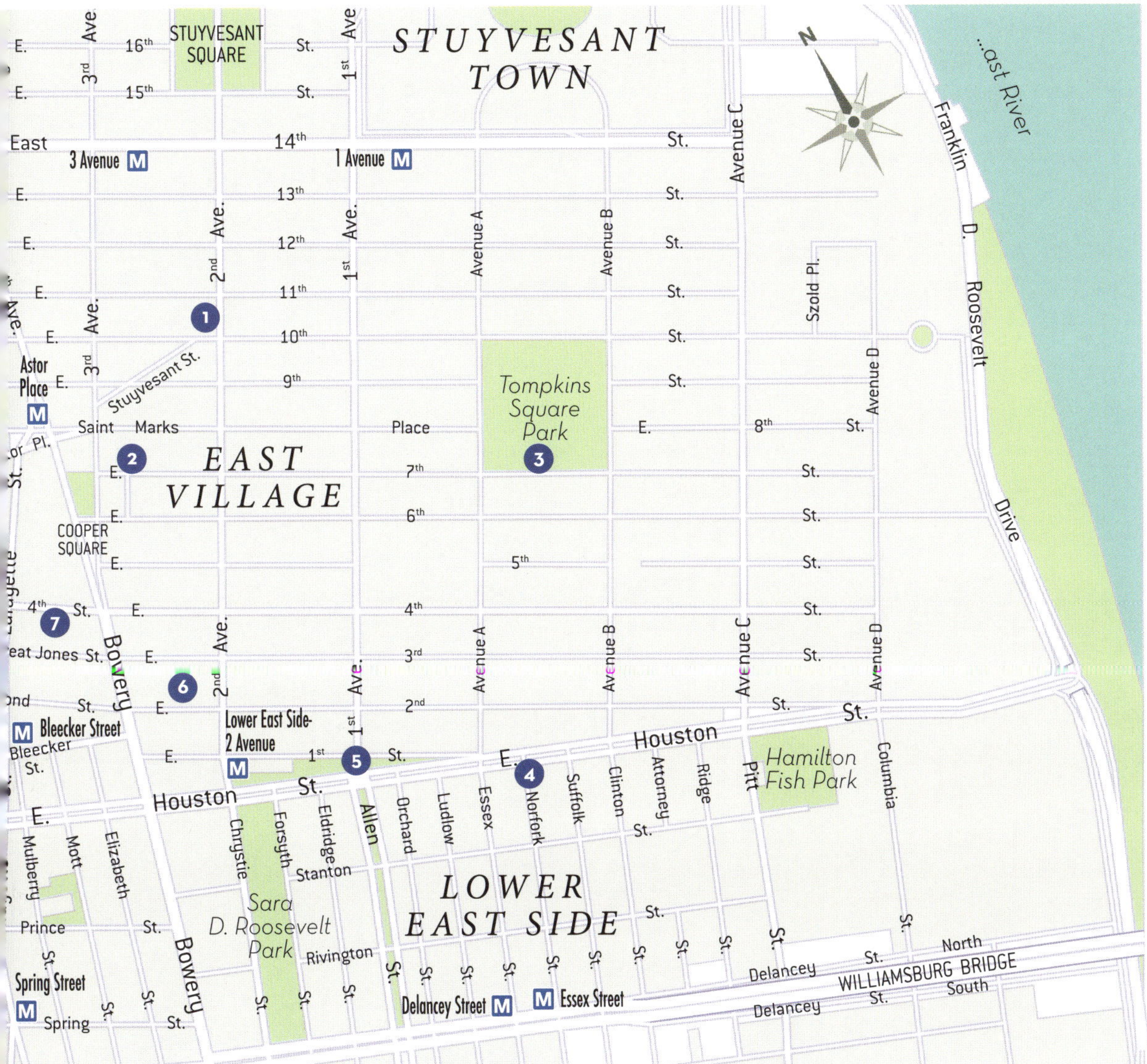
STUYVESANT SQUARE
STUYVESANT TOWN
3 Avenue
1 Avenue
Astor Place
EAST VILLAGE
COOPER SQUARE
Tompkins Square Park
Saint Marks Place
Stuyvesant St.
Bowery
Bleecker Street
Lower East Side-2 Avenue
Houston St.
Hamilton Fish Park
Sara D. Roosevelt Park
LOWER EAST SIDE
Spring Street
Delancey Street
Essex Street
WILLIAMSBURG BRIDGE
Franklin D. Roosevelt Drive
Avenue A
Avenue B
Avenue C
Avenue D
Chrystie
Forsyth
Eldridge
Allen
Orchard
Ludlow
Essex
Norfolk
Suffolk
Clinton
Attorney
Ridge
Pitt
Columbia
Stanton
Rivington
Delancey
Prince
Spring
Mulberry
Mott
Elizabeth
Szold Pl.
Great Jones St.

01.

St. Mark's Church-in-the-Bowery
131 East 10th Street
stmarksbowery.org
Linee 4 e 6 / Astor Place
Linea L / 3rd Avenue

LA LASTRA ROTTA DI A.T. STEWART

"Furono trafugate le sue spoglie"

Sul pavimento della chiesa di St Mark's in-the-Bowery ci sono molte lastre rotte: sono lastre tombali. Uno di questi sepolcri occupa uno spazio privilegiato, verso il centro della navata orientale, ma non c'è alcuna iscrizione e la lastra è in pezzi. Sulla piantina che viene consegnata all'entrata della chiesa questo spazio si chiama 9D, Alexander T. Stewart, con la singolare scritta: *His body was stolen* (furono trafugate le sue spoglie).

Soprannominato "l'inventore dei grandi magazzini", A. T. Stewart fu uno di quei newyorchesi dinamici e carismatici che riuscirono a trarre dalla città tutti i vantaggi che questa poteva offrire. Originario di Belfast, fece fortuna nel tessile. Passato agli articoli di lusso, fece costruire un sontuoso palazzo in marmo nei pressi di City Hall a proposito del quale il *New York Herald* scrisse: "Speriamo che Mr. Stewart non voglia sfigurare con un'insegna il suo magnifico edificio dedicato ai misteri della merceria." Stewart non aveva bisogno di insegne. Più a nord fece costruire un centro commerciale ancora più spettacolare. Quando nel 1876 venne sepolto a St. Mark's, la sua fortuna era stimata sui 40 milioni di dollari, pari a 800 milioni di dollari del giorno d'oggi.

Una notte di novembre del 1878, la cripta di Stewart fu profanata e le spoglie rubate. Un'operazione difficile: i ladri si introdussero sotto la lastra, svitarono la cassa in cedro, tagliarono la copertura di piombo, aprirono la bara in rame e infilarono in un sacco le spoglie del vecchio milionario, senza svegliare i vicini. Non fu trovata alcuna persona sospetta.

I rapitori di cadaveri si fecero vivi (per il tramite di un avvocato) chiedendo un riscatto di 250.000 \$. L'esecutore testamentario cercò per due anni di negoziare, mentre la vedova di Stewart era in preda ad incubi mostruosi. Alla fine un parente si incontrò con tre uomini mascherati su una strada deserta del Westchester e barattò un sacco di juta con 20.000 \$. Il sacco conteneva delle ossa ed un pezzo di tessuto della bara di Stewart. Ancora oggi non si sa se le ossa siano le sue ma riposano a Long Island.

Il palazzo di marmo di Stewart occupa ancora lo spazio di un isolato di Broadway tra Reade e Chambers Street. Cinque piani in stile italiano: fu il primo edificio commerciale americano con una facciata lussuosa. Si noti in un angolo l'orologio in bronzo, vestigia del Sun che acquistò l'immobile nel 1917. Oggi il palazzo è noto come Sun Building.

02.

McSorley's Old Ale House
15 East 7th Street
mcsorleysoldalehouse.nyc
Linea 6 / Astor Place
Linee N e R / 8th Street – NYU

IL MANIFESTO DI RICOMPENSA PER LA CATTURA DI JOHN WILKES BOOTH

100.000 $ di ricompensa

Narra la leggenda che nulla è stato tolto dai muri di questa vecchia birreria dal 1910, anno della morte del suo fondatore John McSorley. Una leggenda a cui ci piace credere! Il bar – il più vecchio di New York – è stracolmo di uno straordinario insieme di oggetti disparati. Anche la polvere non viene toccata. "L'anno scorso, il servizio d'igiene ci ha chiesto di provvedere alla pulizia", racconta la giovane dietro il bancone indicando un vecchio lampadario a gas adorno di portafortuna – lo stesso che appare sui ritratti che John Sloan realizzava agli inizi del XX secolo. Dietro di lei, appeso al muro, un poster ingiallito, come da un secolo non se ne fanno più: "100.000 $ REWARD, THE MURDERER of our late beloved President, Abraham Lincoln, IS STILL AT LARGE", (100.000$ di ricompensa, l'assassino del nostro amato presidente Abraham Lincoln è ancora a piede libero). In basso, la data: 20 aprile 1865, cinque giorni dopo l'assassinio del presidente.

Il manifesto e la birreria mettono in evidenza lo stretto rapporto che Lincoln aveva con New York: amava la semplicità rurale e si candidò alle presidenziali solo quando questa qualità emerse nella più grande metropoli degli Stati Uniti. A fine febbraio 1860, Lincoln (senza barba) tenne un ambizioso discorso al Cooper Union che avrebbe segnato il suo destino. "Fino a questo momento nessuno aveva impressionato a tal punto il pubblico newyorchese", scrisse il New-York Tribune.

Dopo il discorso, Peter Cooper, fondatore della Cooper Union, accompagnò Lincoln al bar, nuovissimo, sull'altro lato della strada. La sedia su cui sedette il presidente, ora fusa con un ammasso di cianfrusaglie ricoperte da ragnatele, è parte dell'arredo intoccabile.

Cinque anni dopo aver brindato in questo bar, Lincoln fu ucciso da John Wilkes Booth. Edwin Stanton, l'allora ministro della guerra, diffuse una descrizione dell'assassino e dei suoi complici e propose una ricompensa senza precedenti; ciò innescò una caccia all'uomo che si protrasse per dieci giorni.

Il poster del bar è autentico? Ha poca importanza: il luogo non manca di fascino. Sono state realizzate varie versioni del manifesto ma il testo, con i suoi errori di ortografia, riproduce esattamente il contenuto del telegramma del ministro. Il fatto che l'Ohio Historical Society possieda un poster identico, con le stesse pieghe e sbavature dell'inchiostro, fa sorgere dei dubbi. Quale dei due è la copia? Ottima domanda, per un bar che è stato direttamente testimone della vicenda.

War Department Washington, April 20, 1865.
$100,000 REWARD
THE MURDERER
Of our late beloved President, Abraham Lincoln,
IS STILL AT LARGE.
$50,000 REWARD
$25,000 REWARD
$25,000 REWARD
WHAT - ME WORRY ?

03.

Tompkins Square Park
Linea L / 1st Avenue

L'ALBERO DI HARE KRISHNA

Dove ebbe inizio la setta

Il movimento di Hare Krishna si basa su scritture indù risalenti a 5.000 anni fa, ma fu creato nell'East Village. Il fondatore Srila Prabhupada (il vero nome era Abhay Charan De, nato a Calcutta), erudito e traduttore di testi del Vedanta, sbarcò a New York nel 1965 come molti altri ambiziosi: con pochi soldi e idee grandiose. Affittò un negozio al 26 di Second Avenue e, facendo affidamento sul suo carisma, si mise subito a raccogliere intorno a sé dei discepoli per la sua rivoluzione spirituale. A partire dall'estate del 1966, il movimento si costituì in associazione con il nome di *International Society for Krishna Consciousness*, e fu così che ebbe inizio una tradizione mistica la cui presentazione al pubblico è ben nota: "Vorreste acquistare uno dei nostri opuscoli?"

L'olmo americano di Tompkins Square Park, già di per sé venerabile (gli olmi di questo parco risalgono alla sua creazione ufficiale nel 1873), rappresentò lo sfondo dell'evento fondatore del movimento Hare Krishna. Il 9 ottobre 1966, Swami Prabhupada, circondato da simpatizzanti, fece recitare il mantra collettivo di Krishna per la prima volta fuori dell'India. Questo antichissimo mantra ripete: *Hare Krishna*, *Hare Krishna*, *Krishna Krishna*, *Hare Hare*, *Hare Rama*, *Hare Rama*, *Rama Rama*, *Hare Hare*. Prabhupada vi vedeva "la rappresentazione sonora del Signore Supremo". Lo Swami morì nel 1977 ma la facciata del suo negozio che si affaccia sulla Second Avenue è sempre là: oggi è il tempio di Hare Krishna.

ALTRI ALBERI CELEBRI A NEW YORK

A New York ci sono innumerevoli alberi famosi. Nel Washington Square Park si trova il più vecchio essere vivente di Manhattan, un olmo inglese piantato nel 1770 e soprannominato l'"albero dell'impiccato", perché si riteneva erroneamente che fosse stato piantato in un luogo in cui avvenivano le esecuzioni. Nel 1936, in occasione del centenario dell'inaugurazione di Madison Avenue, un albero proveniente dalla proprietà dell'ex- presidente James Madison, in Virginia, fu piantato sul lato orientale di Madison Square Park, dove è ancora visibile. Per molto tempo si è creduto che un gelso del giardino di Shakespeare, in Central Park, fosse l'innesto di un albero piantato dallo stesso drammaturgo a Stratford-on-Avon. In realtà alcune analisi effettuate nel 2006 dimostrarono si trattasse di una frottola.

Il pero che Peter Stuyvesant portò dall'Olanda nel 1647 rimase sull'angolo tra la 13th e la Third Avenue per duecento anni, prima di essere rovesciato da un carretto durante un incidente. Al suo posto è stato piantato un altro pero, su cui è stata collocata una targa.

04.

178 Norfolk Street
Linea F / 2nd Avenue

LA STATUA DI LENIN IN NORFOLK STREET

Comunismo alla maniera di New York

Alta sei metri, il braccio teso per salutare i lavoratori di tutto il mondo, la statua in bronzo di Lenin sovrasta un palazzo con appartamenti di lusso in Houston Street. Il padre del comunismo ha lo sguardo rivolto a sud e, osservandolo, è impossibile non pensare che stia lanciando il suo saluto fiducioso su quel focolaio formicolante e originale del Capitale incontrollato che è Wall Street. Non ha senso in realtà a New York un monumento a Lenin che non indichi un paradosso. La statua quindi è una specie di burla.

Ma non proprio del tutto. Lenin è stato aggiunto a quest'edificio eretto nel 1988, quando Houston Street corrispondeva alla linea di separazione tra il quartiere sempre più borghese dell'East Village e quello molto più povero di Lower East Side. Gli anni 1970 furono assai violenti per le comunità nere e portoricane e, quando nel decennio successivo il mercato immobiliare esplose, il quartiere si trasformò in un campo di battaglia sociale. M&CO, lo studio che progettò l'"identità" dell'immobile, pensò che attribuendogli un nome terrificante avrebbe attirato questa fauna singolare: "persone agiate che desideravano vivere in un quartiere alla moda, esagerato e perfino pericoloso". Alla fine optarono per Red Square ("Piazza Rossa"). La statua di Lenin è dunque il prodotto di una buona operazione di marketing.

Ancora, non proprio del tutto: Michael Rosen, il promotore immobiliare di Red Square, era professore di sociologia alla New York University dove teneva un corso su "Potere e Politica".

Un uomo del suo calibro non poteva non conoscere Lenin. Le sue successive iniziative infatti – contributi per la casa per i poveri, i malati di AIDS e le donne maltrattate – non sono certo iniziative di un cinico. La statua alta sei metri va quindi letta come la ciliegina sulla torta pubblicitaria per appartamenti di lusso, ma il cui promotore si è dato un obiettivo di responsabilità sociale a lungo termine.

E la provenienza? Nel 1994 un collega di Rosen trovò la statua di Lenin nel cortile di una dacia nei pressi di Mosca. Inizialmente commissionata dallo Stato Sovietico, la statua stava per essere completata quando il comunismo subì la storica svolta che conosciamo.

Quando si è già in possesso di un immobile di lusso chiamato Red Square a Manhattan, le spese di trasporto sono una sciocchezza.

Nel 2016, la statua è stata spostata dalla piazza a sul tetto del 178 di Norfolk Street.

05.

All'angolo della 1st Avenue e della 1st Street (Est)
Linea F / 2nd Avenue

UNA CASA SUI TETTI

Una casa nell'aria

Alcuni newyorchesi hanno interpretato un po' oltre misura il concetto di *penthouse*, realizzando una vera e propria casa – una di quelle casette carine che ti aspetteresti di vedere in campagna – su un tetto. Si direbbe un pezzo di periferia, all'ombra di un castello d'acqua. Dalla strada è impossibile individuare quelle più in alto, ma a poche centinaia di metri di distanza si riesce a vederne due basse nell'East Village e un'altra su un immobile di dieci piani, nell'Upper West Side. All'angolo tra la 13rd St. (Est) e la 3rd Av., la prima è appollaiata in cima a un immobile famoso: è la casa-natale del farmacista John Kiehl ("dal 1851") e il luogo in cui si trova il pero di Peter Stuyvesant (s.v. pag. 123). Con il suo caminetto, le sue finestre e i suoi travicelli, questa casa sopraelevata è finta: secondo *Time Out*, non ospita per nulla una famiglia eccentrica, ma soltanto una caldaia e delle scale per accedere al tetto. Per quel che riguarda la seconda (s.v. foto), si direbbe che sia stata strappata da un tornado a un villaggio di pescatori di balene del Nord e poi deposta all'angolo tra la 1st Av. e la 1st Street (Est). Rivestimenti di legno, edere rampicanti, una cabina di comando ottagonale, sormontata da una banderuola: tutte le caratteristiche di una vera abitazione. Manca solo una statuetta di un vecchio pescatore barbuto, in tuta cerata, alla stazione dei taxi al piano terra. Nessuno sa dire se ci abiti qualcuno.

La terza si trova più a nord, sul tetto del n° 210 della 78th St. (West), ma è visibile più distintamente da Broadway e dalla 77th Street. Fu costruita di certo per essere abitata: nel 1997, il *Times* ne intervistò il costruttore/residente. Andrew Tesoro trasformò una minuscola *penthouse* di 37 m² in uno "chalet di montagna " alto tre piani, con il tetto di rame inclinato a 60°. La porta anteriore si apre su un vuoto di dieci piani. "Mi fa impazzire questa vista – dichiarò Tesoro – perché sembra di essere in cima, eppure contemporaneamente avvolti dal panorama circostante."

LA VITA SUI TETTI

La residenza Ansonia, al 2109 di Broadway, in passato aveva una fattoria sul tetto e un «piccolo orso» noleggiabile per le feste. Il servizio di elicottero dal Pan Am Building (da Midtown all'aeroporto JFK in 7 minuti) funzionò fino al 1977, anno in cui morirono cinque persone in un incidente. E infine l'idea migliore e peggiore da realizzare su un tetto: il pinnacolo dell'Empire State Building, originariamente progettato per agganciarvi un dirigibile. Ma fu fatto un solo tentativo: nessuno aveva considerato la forza del vento.

BUS LANES
PHOTO ENFORCED
SPEED
LIMIT
30
E 1 ST
ONE WAY
ONE WAY
HOSPITAL
15 BAR LA LINEA LOUNGE 15

06.

41 ½ 2nd Avenue
marblecemetery.org
Linee 4 e 6 / Bleecker Street
Linea F / 2nd Avenue

NEW YORK MARBLE CEMETERY

Un regno dell'aldilà

Nell'East Village, ci sono due cimiteri sconosciuti, a pochi isolati uno dall'altro. Il primo, in genere, passa inosservato, mentre l'altro potrebbe anche non esistere, nessuno se ne accorgerebbe. Se non si abita nel quartiere e se non si guarda la piantina della città, si rimarrà sorpresi nell'apprendere che, in mezzo ad un isolato della 2nd Av, si può varcare un cancello, attraversare un passaggio stretto e sbucare in un cortile di 2.000 m², su un prato verde smeraldo, circondato da vecchi muri in mattoni. Lo stesso indirizzo – 41 ½ – suggerisce che da qui si accede all'aldilà.

Il New York Marble Cemetery, incorporato in questo isolato nel 1831, è il più antico cimitero non confessionale della città. Non lontano da lì, sulla 2nd Street, c'è un altro cimitero, che ha quasi lo stesso nome, il New York City Marble Cemetery, edificato successivamente, nello stesso anno. "Ci si perde – afferma Caroline DuBois, direttrice del vecchio cimitero – Sono quasi 75 anni che non viene sepolto più nessuno in questo cimitero. Nell'altro, invece, c'è stato un funerale all'anno. È due volte più grande e ci sono il doppio delle famiglie; le tombe sono visibili, non sono sparite come le nostre". Non solo sparite dalla piantina, ma dalla superficie terrestre: non c'è una sola pietra tombale. I corpi – un po' più di 2.000 – si trovano in cripte di marmo sotterranee. 26 file su 6 colonne ad una profondità di 3 metri ma con un tetto a pochi centimetri dalla superficie. Il prato del cimitero è disseminato di cespugli; i nomi dei defunti sono impressi sulle piastre incassate nei muri in mattone.

Tra essi compaiono un sindaco di New York, i fondatori dell'Università e altri nomi che hanno un legame con la città o che appaiono sulla piantina: Varick, Scribner, Olmsted.

Il cimitero può essere visitato solo in estate e la quarta domenica del mese. Vale la pena attendere; è emozionante passeggiare per alcuni minuti in questo angolo segreto che, per due volte, è sfuggito per poco all'oblio.

"Avreste dovuto vederlo dieci anni fa! – continua la signora DuBois, alzando gli occhi al cielo – Un campo abbandonato cosparso di gatti morti". Si gira su se stessa per indicare gli edifici circostanti.

"Questo è un rifugio per i senzatetto. Quella è invece una clinica per curare vari tipi di dipendenze e questo è un albergo. Arrivano di notte, attraverso una breccia aperta nel muro. Una volta, prima di organizzare un qualsiasi evento, procedevo alla raccolta di siringhe, bottiglie di whisky e preservativi".

07.

29 East 4th Street
merchantshouse.org
Linee 4 e 6 / Bleecker Street o Astor Place

IL FANTASMA DI MERCHANT'S HOUSE

"Quella dannata stufa si muoveva, l'ho vista. Credete che stia scherzando?"

Merchant's House (la casa del mercante) è stregata. Le signore della reception ne parlano spaventate e gli studenti fingono di essere terrorizzati.

Un opuscolo, disponibile all'entrata, informa il visitatore a che cosa va incontro se ha la fortuna di far arrabbiare il fantasma: correnti di aria gelida, rumori di passi invisibili, tintinnare di porcellane e qualche volta anche un odore di colonia alla violetta o di pane tostato. Il fantasma si manifesta anche attraverso sfere di luce galleggianti, le vibrazioni di un lampadario o – se si è fortunati – assumendo le sembianze di una vecchietta con un abito a fiori che, con sguardo minaccioso urla: Fuori!

Questa terrificante signora si chiama Gertrude Tredwell ed è così ossessivamente legata a questa dimora che si racconteranno storie di fantasmi fino a quando esisterà. Ultimogenita di un ricco importatore, Gertrude venne al mondo in un letto a baldacchino nella camera al secondo piano e trascorse tutta la vita in questa casa. Quando il resto della famiglia morì e la società newyorchese emigrò a nord di Manhattan, lei si isolò del tutto. Apriva raramente la porta e oscurava le finestre con dei giornali per impedire che l'aria passasse, lasciò che la polvere coprisse i mobili. Morì nel 1933, poco prima del suo novantatreesimo compleanno, nello stesso letto dove era nata.

La costruzione dell'edificio risale all'epoca in cui l'acqua era disponibile solo in un pozzo vicino. Grazie alla presenza costante di Gertrude, la Merchant House rappresenta oggi un monumento di eccezionale ricchezza storica. I mobili, i tappeti, i tessuti d'arredamento, la biancheria, i servizi di bicchieri e porcellane: tutto è originale. Alla morte dell'anziana signora, venne solamente realizzato l'impianto elettrico, fu portata l'acqua corrente e una stufa in ghisa in cucina.

Questo elemento estraneo è una delle cose che più infastidisce Gertrude! Clarice, una giamaicana che è stata custode di questa casa per vent'anni, racconta la storia: "Ero da sola in cucina quando improvvisamente la stufa ha iniziato a muoversi. Per la paura sono corsa al piano di sopra. Sono rimasta fuori, in pantofole, per 40 minuti. Questa dannata stufa si muoveva, l'ho vista. Credete che stia scherzando?"

08.

Silver Towers/University Village
Tra Bleecker e West Houston Street,
all'altezza di LaGuardia Place
Linee B, D, F e M / Broadway – Lafayette Street
Linee 4 e 6 / Bleecker Street

SYLVETTE

Picasso monumentale

Sono poche le sculture di Picasso di grandi dimensioni. La prima eretta negli Stati Uniti domina la Daley Plaza di Chicago: è alta 17 metri. Impossibile non vederla. La seconda fu inaugurata l'anno successivo, nel 1968; si trova nel *Village*, soffocata da tre tristi torri residenziali di 30 piani.

In realtà, si tratta di un "quasi" Picasso: il maestro diresse il progetto mentre l'artista nordico Carl Nesjar lo progettò e lo realizzò. "Sono come un direttore d'orchestra. – ammise Nesjar – Il compositore mi fornisce lo spartito e io cerco di vedere cosa ne posso ricavare". Nesjar inviò a Picasso disegni, foto e campioni di cemento. Il blocco angolare è realizzato in basalto nero norvegese rivestito di un cemento chiaro e decapato per creare effetti di linee scure e definitive. La scultura di 30 tonnellate poggia su una base mascherata ("Picasso non ama i piedistalli") di cemento perché non affondi nel sottostante parcheggio sotterraneo.

I giochi prospettici, tanto cari a Picasso, sono ben visibili: la scultura è una superficie a due dimensioni, piegata per crearne una terza. Ma è grazie alla quarta che diventa più interessante. Questo ritratto bifronte invita alla circoambulazione: camminando, i tratti della donna cambiano con il punto di vista e, ad ogni passo, appare un nuovo volto.

La scultura originale era inferiore al metro d'altezza. Picasso dapprima la realizzò di carta e successivamente ne fece una versione più resistente su un foglio di metallo. La chiamò *Sylvette* in omaggio alla sua musa del 1954, Sylvette David. Quando la incontrò lei aveva solo 17 anni, se ne innamorò follemente e la convinse a posare per lui, regalandole un ritratto che le aveva fatto a memoria. Pare sia stata *Sylvette*, grazie ai ritratti di Picasso, ad aver lanciato la moda della coda di cavallo portata in alto, ripresa successivamente da Brigitte Bardot.

La *Sylvette* di Nesjar, con i suoi 12 metri di altezza, è circondata e soffocata dagli edifici circostanti che ospitano alloggi universitari. Un giorno d'estate, il figlio di uno dei residenti del quartiere stava osservando un gruppo di bambini che giocavano rumorosamente sul prato. Quando la mamma gli chiese se fossero troppo "grandi" per giocarci insieme, alzò le spalle e trascorse da solo un quarto d'ora a lanciare la sua palla contro il viso monumentale di *Sylvette*.

09.

Angolo tra West Houston e LaGuardia Place
Kinee B, D, F e M / Broadway – Lafayette Street
Linee 4 e 6 / Bleecker Street
Linee A, C e E / Spring Street

TIME LANDSCAPE

Far rivivere le origini di Manhattan

Ci sono tre luoghi a New York dove è possibile farsi un'idea del paesaggio prima dell'arrivo degli europei. Uno è selvaggio (la foresta vergine del giardino botanico), il secondo è ben conservato (Inwood Hill Park, s.v. pag. 250) e il terzo è artificiale.

Time Landscape, in LaGuardia Place, è un giardino ma anche un'opera d'arte pubblica. La vista degli alberi circondati da una recinzione può far pensare che si tratti di uno dei numerosi piccoli parchi decorativi del *Village*, ma questo giardino ha una particolarità: le piante sono state accuratamente selezionate per rappresentare il paesaggio di Manhattan di cinque secoli fa.

Nato nel Bronx, l'artista e designer Alan Sonfist ideò questo progetto nel 1965, agli albori del movimento Land Art degli anni '60 e e '70. La sua idea era quella di realizzare un'autentica isola ecologica in mezzo alla città più artificiale della Terra. Iniziò quindi ad analizzare la flora e la geologia delle antiche paludi: il proto-Greenwich Village dove c'erano soltanto colline e ruscelli e dove vivevano gli Indiani Lenape. Sonfist chiese ai residenti del quartiere di piantare erbe selvatiche, fiori ed arbusti che, in base alla missione che si era prefissato, avrebbero evocato "la storia nascosta delle Terra". Voleva creare un terreno favorevole alla rigenerazione del passato: tra gli alberi piantati nel 1978 c'erano dei giovani faggi che oggi sono alberi maturi ai cui piedi continuano a germogliare i fiori selvatici.

Time Landscape ha dimensioni troppo modeste perché il visitatore possa immaginarsi una Manhattan più vasta di natura vergine. Questo rettangolo di terra, autosufficiente, di 14 x 27 metri, circondato da asfalto, edifici e trambusto continuo, è l'equivalente di uno zoo per le piante: gli alberi crescono in un paesaggio artificiale, in seno ad un ambiente con cui non hanno alcun rapporto biologico. Che ironia, se si pensa quanto tempo e quanto lavoro sono stati necessari per riportare la natura allo stato originale! Questo è ciò che caratterizza *Time Landscape*.

E la fatica che si fa per salvaguardarlo mostra a che punto il paesaggio naturale dell'isola è stato sepolto.

Gli indiani Lenape chiamavano il Greenwich Village Sapokanikan ("campo di tabacco") perché vi coltivavano il tabacco o perché l'avevano visto fare agli olandesi.

10.

6th Avenue tra Canal Street e Washington Place
Linee A, C o E / Spring Street

GLI STEMMI DELLA AVENUE OF THE AMERICAS

Il viale di un intero continente

Vi dice qualcosa? Aspettate di attraversare la 6th Avenue, cercate senza motivo e – improvvisamente – lo stemma dell'Honduras vi contempla. O quello di Cuba. O del Venezuela, di Grenada o della Dominica (un paese sovrano che non sapevate esistesse). O anche del Canada, come un cane a una partita di bocce. Questi stemmi attaccati ai lampioni punteggiano l'intera parte inferiore del viale. Se siete ancora smarriti, sappiate che non siete affatto sulla 6th Avenue. Ufficialmente, siete sulla Avenue of the Americas. Dopo il cambio di nome negli anni '40, il nome "Sixth Avenue" fu cancellato dai segnali stradali per decenni, finché il Ministero dei Trasporti gettò la spugna e alla fine unì i due nomi. Gli stemmi dei paesi non hanno aiutato la causa dell'Avenue of the Americas. Ecco la sua storia.
"Questa strada è sempre stata la nostra bella 6th Avenue, da quella splendida giornata del 1811, quando i padri fondatori della città cancellarono la"West Road". Così inizia un articolo, un po' amaro, del 1945: l'Avenue of the Americas era lontana dall'essere accolta all'unanimità. Il nuovo nome era confuso, di sinistra, costoso (1.700 vagoni della metropolitana dovevano essere ridipinti), per non parlare dell'insulto ai paesi interessati, tanto gli edifici della 6th Avenue erano "orrendi". Il sindaco Fiorello La Guardia, che firmò il decreto in questione, chiuse le porte a qualsiasi discussione, annunciando che l'idea era piaciuta "all'intera città, all'intero paese, all'intero continente". Lo scopo della manovra? In una parola: affari. Gli Stati Uniti avevano beni da vendere al Canada e all'America Latina, e si rendevano conto che avrebbero dovuto comprarne in cambio. Si pensava che dare questo alla strada avrebbe agevolato gli affari. Oltre ai consolati, la 6th Avenue Association aveva immaginato questa arteria come un mercato comune per il continente, con edifici "progettati per promuovere il libero scambio a tutti i livelli".
Gli stemmi furono installati contemporaneamente ai lampioni in alluminio intorno al 1950. Non ne sono rimasti molti (le nostre condoglianze all'Argentina; Barbados, cerca di restare aggrappato!). I sopravvissuti sono arrugginiti e sbiaditi. In breve, sono belle reliquie con il profumo del mistero.

JAMAICA
WRONG WAY
NEW YORK
PUBLIC LIBRARY

11.

323 6th Avenue
Linee A, B, C, D, E e M / West 4th Street
Linea 1 / Christopher Street

GLI SPIONCINI DELL'*IFC CENTER*

Degli spioncini nascosti proprio sotto i nostri occhi dai quali sbirciare la proiezione dei film

Nel Greenwich Village, e più precisamente all'angolo tra West 3rd e 6th Avenue, è molto comune assistere a una partita di basket, imbattersi in un passante intento a mangiare un Papaya Dog e perfino incappare in una piccola rissa di strada, ma sono in pochi a sapere che qui è anche possibile vedere un film senza pagare un centesimo. Milioni di persone ci passano davanti ogni anno, ciononostante gli spioncini sulla parete del cinema IFC Center rimangono per molti un segreto impenetrabile, ben dissimulato proprio sotto gli occhi di tutti. Per individuarli, posizionatevi davanti all'entrata del cinema e girate a destra, dopodiché osservate con attenzione i due cerchi metallici sulla parete, proprio tra le locandine dei film, sopra un altro cerchio metallico ma un po' più grande, a circa 1,50 m da terra. Ora fate scivolare verso l'alto i due piccoli cerchi e avvicinatevi, proprio come si fa con un binocolo: ed ecco apparire il film in proiezione nella sala numero 2. "Non abbiamo mai attirato l'attenzione su questo dettaglio" spiega Harris Dew, afferma l'attuale direttore del cinema riguardo a questo squisito particolare architettonico. "A volte le persone se ne accorgono, altre volte no. Tutto qui".

Questa sorpresa è un'idea della stessa mente che ha progettato il cinema, il compianto Larry Bogdanow, noto per il suo "senso dell'umorismo spensierato". Larry era infatti convinto che "questa sorpresa avrebbe divertito le persone che, passando di lì, avessero notato questi spioncini" ricorda Harris Dew. La loro installazione risale al 2009, quando il vecchio bar al piano terra è stato trasformato nelle due nuove sale per le proiezioni, ricavate da Larry Bogdanow nella cornice dell'ex Waverly Theater, quando il teatro chiuse i battenti nel 2001 dopo sessant'anni di attività.

"Il Waverly è stato un vero disastro" affermava Larry Bogdanow nel 2005 nel corso di un'intervista tenutasi poco dopo la fine dei lavori di ristrutturazione in occasione dell'apertura del nuovo IFC. Per evitare di fare la stessa fine del Waverly, un cinema un tempo molto rispettato, finito inesorabilmente in disgrazia, l'IFC ha deciso di concentrarsi su alcune selezioni mirate di film d'autore da vedere accomodandosi su poltrone importate dalla Francia. Al tempo stesso si può scegliere tra un'ampia varietà di popcorn e altre curiosità simili a quella degli spioncini.

Oggi l'IFC è diventato una vera istituzione a New York e il suo segreto è ancora ben custodito. Lo stesso schema si ripete puntuale come un orologio: ogni due o tre anni qualcuno posta sui social dei video o delle foto degli spioncini, affermando di avere appena scoperto la loro esistenza. "Abbiamo osservato che la gente li scopre a ondate", racconta Harry Dew, aggiungendo poi che ogni volta che qualcuno comunica la propria scoperta pensa sempre di essere stato il primo: "e come potete immaginare, noi stiamo al gioco!".

INTER 2024
the TASTE

12.

55 Washington Square South
judson.org
Linee A, C, E, B, D, F e M / 4th Street (West)
Linee N e R / 8th Street – NYU

ANGELO IN ADORAZIONE NELLA JUDSON MEMORIAL CHURCH

L'amante dell'artista

La Judson Memorial Church possiede una pregevole serie di vetrate del pittore e decoratore John LaFarge: finestre a ogiva di 5 metri in cui sono raffigurati santi ed evangelisti, nel suo stile innovativo "in vetro opalescente". Una finestra laterale ci introduce alla vita privata dell'artista. Intitolata *Angel in Adoration*, questa graziosa figura con le ali, l'aureola e le mani incrociate sul cuore, ha il viso di Mary Whitney, l'amante dell'artista.

L'artista e la sua amante: nulla di nuovo, in effetti. E basta rimanere nella Judson Memorial Church per ritrovare più volte lo stesso tema: Augustus Saint-Gaudens, che disegnò il rilievo marmoreo del battistero, si portava a letto le sue modelle e Stanford White, uno degli architetti che progettarono la chiesa, amava a tal punto le ragazzine indifese da essere ricordato come una specie di demone priapico. Se LaFarge fu diverso dagli altri, lo fu non per il suo libertinaggio, ma per la sua idolatria: quando nel 1880 Mary si recò nel suo studio per posare, lui perse la testa. "Era pazzo di lei" afferma Julie Sloan che negli anni Novanta supervisionò il restauro delle vetrate. "Non prendeva parte ai festini con le ragazzine organizzati da Stanford White e non aveva altre amanti. Pare che abbia avuto una sola relazione extraconiugale, quella con Mary ".

Sempre più innamorato di lei, dal 1892 iniziò ad allontanarsi dalla moglie dalla quale aveva avuto sette figli. Da quel momento gli angeli cominciarono ad assumere il volto di Mary. James Yarnall, il maggiore conoscitore di LaFarge, ritiene sia "sommamente" ironico scegliere la propria amante come modello per dipingere gli angeli. Su una vetrata, l'artista arrivò a riprodurre il suo volto per raffigurare un'allegoria della castità.

LaFarge era rispettato come artista e come storico, ma nella vita pratica non era assolutamente dotato di buon senso. Si rovinò la carriera litigando con Louis Comfort Tiffany; alcuni colleghi lo accusarono di furto e gli fecero causa; i suoi stessi figli si rifiutarono di lavorare per lui e quando morì, in banca aveva solo 13 dollari. "Non aveva il senso degli affari", dichiarò uno dei suoi figli, senza sprecare altre parole.

Per vedere i vari volti angelici ispirati da Mary Whitney, si raccomanda di vedere la pittura murale della Chiesa dell'Ascensione nella 10th St.

13.

Intorno a Washington Square Park
Sito Web di Steve Duncan: undercity.org
Linee A, B, C, D, E, F e M / W 4 Street
Linee N e R / 8 Street – NYU

ALLA RICERCA DEL FIUME MINETTA

E sotto il Village scorre un fiume

Una delle leggende urbane più insolite del Village è il fiume Minetta, che scorre sotto i nostri piedi. Ci sono racconti di ristoranti allagati, uomini che pescano con la canna nelle buche del seminterrato e fontane alimentate da acqua nera. Ma Minetta esiste. Precedentemente, questo fiume traboccava di trote; all'inizio del XIX secolo fu murato sotto gli strati di una megalopoli in fermento.
Oggi, possiamo seguire il letto di questo corso d'acqua sepolto che scorre dalla 5th Avenue al fiume Hudson. Lo si può anche ammirare con una semplice torcia elettrica, ma per farlo c'è bisogno della mappa di Steve Duncan, una personalità del web ed esperto del mondo sotterraneo. "Dall'alto dei ponti fino al fondo delle fogne", dice Duncan, "è l'esplorazione urbana che mi aiuta a capire la storia e tutta la complessità delle grandi città del mondo".
Il fiume nascosto è il soggetto della sua tesi. E, ovviamente, la sua ossessione: quando ne parla con grandi gesti, una sigaretta arrotolata sul bordo delle labbra, sappiamo che abbiamo a che fare con un'autorità in materia.
Ecco i punti salienti del suo ultimo studio sul fiume nascosto del Village:
- 45 West 12th Street: questa casa porta i segni del vecchio letto del fiume. Si appoggia stranamente sulla casa vicina ed è costruita con la base a forma di triangolo. Il fiume un tempo tagliava il terreno in diagonale e la casa è stata costruita per evitarlo.
- 60 West 9th Street: l'indirizzo non ha alcun interesse, a differenza del tombino che si trova proprio di fronte. È esagonale, con dei grandi fori. Date uno sguardo dentro un buco e illuminatene un altro con la torcia. L'acqua che vedete, secondo Duncan, è una miscela di "acqua naturale e acque reflue del vicinato". In breve, il Minetta è stato deviato nelle fogne della città.
- Minetta Street: come suggerisce il nome, eccoci nel bel mezzo del letto del fiume. Si dice che la forma curva di questa strada (unica per Manhattan) segua il suo vecchio letto. Se guardate attraverso il tombino, un esagono come sopra, vedrete un flusso continuo, e sarete quindi al punto più vicino possibile dove potete arrivare al fiume originale senza usare un piede di porco e degli stivali da pescatore.

14.

7 East 10th Street
nycgovparks.org/parks/washingtonsquarepark
Linee L, 4, 5 e 6 / Union Square – 14th Street
Linee N, R / 8th Street – NYU

LA DE FOREST HOUSE

Unico a New York

Anche quelli che non amano il termine "pittoresco" dovranno riconoscere che la 10th St., nel Greenwich Village, merita decisamente quest'aggettivo. Se non altro per la sua varietà. L'autorevole *American Institute of Architects Guide to New York (AIA)* riporta, lungo questa via, un'articolata serie di stili: neo-classico, italiano, neo-gotico, gotico veneziano, bavarese, vittoriano. E questo è solo un assaggio dello stravagante edificio di cinque piani, appena ad est della 5th Avenue. "Unico a New York – riporta la guida – quell'esotico bovindo, in legno teck finemente intagliato e non trattato, che adorna il n°7".
Difficile essere unici in questa metropoli. Se conoscete l'architettura delle Indie orientali, capirete di che si tratta; nel caso contrario, potrete anche pensare che questa casa provenga da un altro mondo. Le superfici del balcone, interamente in legno, recano raffinate incisioni in filigrana. La decorazione inizia sulla porta d'entrata, si espande sul bovindo sporgente e prosegue in alto, come per un incantesimo vitale, fino sull'immobile adiacente: vigne, foglie e scaglie, in mezzo a lune, uccelli, fiori ed elefanti.
Lockwood de Forest, l'artefice di questa meraviglia, fu tra i fondatori di un'importante impresa di arti decorative, di nome *Associated Artists*. Per motivi personali e professionali s'interessò alla scultura delle Indie orientali. Nel 1873, in occasione del suo viaggio di nozze nel subcontinente, rimase talmente colpito dalle opere incontrate che creò un laboratorio di ebanisteria, ad Ahmedabad, per realizzarvi manufatti cesellati, destinati all'esportazione. Nel 1887, dopo aver acquistato gli immobili al n°7 e 9 della 10th St., fece costruire un semplice edificio di mattoni sui quali avrebbe applicato questa curiosa decorazione. Negli anni successivi l'immobile venne suddiviso in varie unità, ma all'epoca in cui vi abitava de Forest, l'interno corrispondeva all'esterno: pannelli in legno e paraventi, mobili esotici, finiture colorate in arenaria rossa e piastrelle blu di Damasco. Il soffitto decorato con motivi bronzei era tutto un gioco di baluginanti riflessi. Una delle caratteristiche più sorprendenti del balcone è la natura stessa del legno, e non tanto il virtuosismo degli artigiani di tendenza orientalista di fine Ottocento. Benché intagliati più di cent'anni fa, i dettagli del balcone si sono conservati quasi perfettamente. Incredibilmente duro e immarcescibile, il legno di teck è impregnato con olio che lo protegge dagli animali nocivi e dalle intemperie.

15.

Patchin Place
Vicino alla 10th Street, tra Greenwich Avenue e la 6th Avenue
Linee A, C, E, B, D, F e M / 4th Street (West)
Linee 1, 2 e 3 / 14th Street
Linea L / 6th Av

L'ULTIMO LAMPIONE A GAS

Le vestigia di un'altra era

Patchin Place, uno stretto vicolo cieco chiuso da un cancello, vicino alla 10th Street (West), è stato dimenticato dal potere dello sviluppo. Nulla è mutato in un secolo e mezzo. In fondo alla strada, davanti a un muro di mattoni verniciati, si scopre un fossile vivente: un lampione in ghisa nera, completato da una barra trasversale (per sostenere una scala) e da una lanterna sormontata da un'aquila decorativa. È un vecchio lampione a gas. Un tempo a New York ce n'erano decine di migliaia, oggi ne è rimasto solo uno.

L'evoluzione dell'illuminazione a New York rispecchia l'evoluzione della tecnologia. All'inizio, le strade erano illuminate da fiamme tremolanti. Nel 1697, il consiglio municipale, stanco di questo "serio inconveniente nelle ore tenebrose della luna", ordinò ai cittadini residenti nelle vie più animate di mettere delle lampade alle finestre. Poco prima della Rivoluzione americana furono piantati dei pali in legno con lampade a olio; l'illuminazione a gas arrivò un secolo dopo. I lampioni in ghisa come quello di Patchin Place – un'asta di legno alta 2,50 metri con un faro ottagonale – furono installati negli anni '60 del XIX secolo e presto si diffusero ovunque.

Il predominio del fuoco ebbe fine nel 1880. Poi la notte fu punteggiata dall'avvento dell'elettricità: per noi l'arancio anemico delle lampade al sodio ad alta pressione. Per avere un'idea del sollievo che produsse l'arrivo dell'elettricità in coloro che erano abituati all'illuminazione a gas, è sufficiente rileggere alcune testimonianze dell'epoca. Nel 1883, il giornalista inglese W. E. Adams paragonò l'illuminazione elettrica di Broadway alla luna, a ghirlande, alla brina e notò la stranezza delle ombre che i lampioni proiettavano sui marciapiedi. "È quasi impossibile descrivere l'effetto di questa luce a New York – scriveva – talmente è bella e insolita".

Oggi, il lampione a gas di Patchin Place è dotato di una lampada fluorescente: un compromesso tra il vecchio e il nuovo. Non lontano da qua, in Washington Square, durante un recente restauro, sono state collocate delle copie moderne di questo lampione, con lampadina elettrica. "È così incantevole" sogghigna un detrattore mentre, seduto su una panchina, si arrotola una sigaretta "Abito qui da quando sono nato. Un tempo la piazza aveva un certo carattere. Guarda adesso!"

16.

110 7th Avenue
Linee 1 e 2 / Christopher Street

IL TRIANGOLO DI HESS

La più piccola proprietà privata di New York

Il mosaico di 60 centimetri per lato che si trova sul marciapiede all'angolo tra la Settima Strada e Christopher Street ha la fama di essere la più piccola proprietà privata di tutta New York, nonché la preziosa testimonianza di una delle maggiori controversie che hanno animato la città. Il triangolo di Hess (*Hess triangle*) sembra infatti fare del rancore una vera e propria opera d'arte, se si considera che questa minuscola porzione di marciapiede deve la sua esistenza unicamente al desiderio di vendetta.

L'origine di questa strana decorazione risale agli inizi del XX secolo, quando la città di New York decise di servirsi del suo diritto di espropriazione per reclamare e poi radere al suolo decine di edifici al fine di permettere l'estensione della Settima Strada e della metropolitana che passa proprio lì sotto. Questi lavori permisero di collegare Midtown alla parte sud di Manhattan molto più agevolmente, tuttavia i proprietari dell'epoca furono molto contrariati nel vedersi sottrarre le terre per la costruzione della futura linea dell'IRT. E, tra questi, nessuno si indignò tanto quanto i discendenti di David Hess, all'epoca proprietari di un palazzo di cinque piani chiamato "the Voorhis" e situato proprio nel cuore della zona che sarebbe stata rasa al suolo.

Dopo una strenua lotta contro l'amministrazione cittadina nel tentativo di preservare le loro proprietà dalla demolizione, il comune ebbe la meglio e il Voorhis venne infine demolito nel 1914. Per via di un errore di calcolo nella progettazione dei lavori, la parte più orientale delle terre degli Hess venne risparmiata, restando tecnicamente di loro proprietà. Il comune chiese quindi agli eredi – offesi – degli Hess di concedere gratuitamente questa minuscola parcella di terreno del tutto inutilizzabile, al fine di integrarla al marciapiede che sarebbe stato costruito. Questi ultimi però si rifiutarono e, nel luglio del 1922, decisero di far entrare questo angolo di strada nella leggenda collocando sul marciapiede un mosaico con la scritta "Property of the Hess Estate which has never been dedicated for public purposes" ossia "Proprietà degli Hess che non è mai stata destinata ad uso pubblico".

Circa dieci anni dopo, nel 1938, gli Hess decisero di vendere il loro triangolo per la somma di 100$ al vicino negozio di sigari che a sua volta lo vendette (con tanto di mosaico) alla Yeshiva University per poi finire nelle mani della 70 Christopher Realty Corporation.

Oggi il triangolo si trova ancora al suo posto e, anche se le tessere sono un po' malmesse, il messaggio è sempre ben leggibile e campeggia sul marciapiede, come un antico simbolo del rifiuto del centro della città a conformarsi alle norme della società e al suo reticolato urbano. "Si può affermare che il triangolo di Hess, ormai centenario, rappresenta il carattere iconoclasta del Village" ci spiega il direttore esecutivo dell'organizzazione che si occuppa della salvaguardia del patrimonio culturale del Village per il quale il mosaico continua a rappresentare "un omaggio di oltre un secolo allo sforzo degno di un don Chisciotte che ha resistito al tempo e alla tipica organizzazione stradale che caratterizza il quartiere".

WARNING:
This product contains nicotine.
Nicotine is an addictive chemical.
PROPERTY OF THE
HESS ESTATE
WHICH HAS NEVER
BEEN DEDICATED
FOR PUBLIC
PURPOSES

17.

360 West 11th Street
palazzochupi.com
Linee 1 e 2 / Christopher Street – Sheridan Square

PALAZZO CHUPI

Un palazzo veneziano sopra una vecchia scuderia

Se si domanda ad un newyorchese medio di immaginare la propria casa senza porsi limiti di spesa, è molto probabile che pensi a qualcosa di molto meno spettacolare della dimora di Julian Schnabel, nel West Village. Può piacere o meno, ma Palazzo Chupi abbonda di tutto ciò che forse manca in altre parti di Manhattan: un'audace fantasia.
Se c'è qualcosa che non può essere rimproverato a Schnabel, che ha recentemente ricevuto la nomination agli Oscar per la regia de *Lo scafandro e la farfalla*, ma le cui opere neo-impressioniste erano note da tempo, è di non sapere quello che vuole. Palazzo Chupi è un gigantesco edificio in stile veneziano, costruito sopra una vecchia scuderia del West Village, color rosa confetto. Si è occupato lui stesso della sontuosa decorazione: caminetti scolpiti, piastrelle marocchine, soffitto con travi a vista, una profusione di opere d'arte ed una piscina di 12 metri nel seminterrato. La coerenza del programma estetico è diventata il principale argomento di vendita: "Il più piccolo dettaglio di questo incredibile palazzo [è stato] pensato da Schnabel", recita l'agente immobiliare in un video promozionale. Più che un'abitazione è "un'opera d'arte residenziale".
Per molti, che detestano il colore, si tratta di un palazzo incoerente il cui stesso nome è una specie di incubo grafico. "Ignoro il significato di chupi – sostiene Andrew Berman – a meno che non designi un grande e orrendo edificio che non avrebbe mai dovuto essere costruito". Berman è il direttore della *Greenwich Village Society for Historic Preservation* e ce l'ha con Schnabel non solo per motivi personali ma per una questione di gusto. "Schnabel vuole farci credere che ha imitato lo stile fiorentino o veneziano, invece il risultato sembra la casa di Barbie dopo un'esplosione". Forse le riflessioni di Berman possono parere quelle di un individuo isolato e frustrato per non essere riuscito a soddisfare tutti i suoi capricci, ma non è il solo a pensarla così: nel 2005, quando sono iniziati i lavori di costruzione dell'edificio, alcuni manifestanti si sono riuniti per protestare. Schnabel, che abita ancora nel suo *palazzo*, ha reagito senza scomporsi: "In linea di principio la gente fa bene a protestare, – dichiarò nella rivista *Vanity Fair* –, ma in questo caso si sbaglia sul mio conto e su quello del *palazzo*".

18.

Stazione della metropolitana 14th Street e 8th Avenue
Scala che conduce alla piattaforma della linea L

LA STATUA DI MONEYBAGS

Il "Boss" metropolitano

Moneybags, la statua di un uomo "ricco sfondato" visibile alla stazione della metropolitana della 14th Street/8th Avenue, rientra nel vasto progetto artistico intitolato *Life Underground*, inaugurato in questo spazio nel 2001. La statua nasconde la rampa di una scalinata che collega i binari delle linee A, C, E con quelli della linea L. Narra la leggenda che si farà fortuna se, passando, si sfiora la statua. O che, perlomeno, si avrà la predisposizione mentale a prendere buone decisioni economiche. Oppure si condirà la propria povertà con ironia, sperando di vedere realizzato un desiderio. O semplicemente ci si ritroverà in una situazione imbarazzante con la persona con cui si vorrebbe uscire... Indipendentemente dallo scopo per cui i passanti lo fanno, il risultato è che *Moneybags* è lucidata a specchio. Vedere *Life Underground* per la prima volta può essere disorientante: percorrendo i corridoi ci si ritrova improvvisamente circondati da personaggi in bronzo, surrealisti e panciuti, volutamente intenti ai fatti loro. Tom Otterness, l'autore di quest'opera, affermava che il tema era "l'impossibilità di vivere a New York". Certamente è impossibile, ma nessuno vi rinuncia. Si possono contare decine di personaggi: poliziotti, donne di servizio, famiglie, uomini d'affari, pregiudicati, animali ed oggetti misteriosi (in questa categoria, la medaglia d'oro va a una campana che urla con un batacchio a forma di lingua!). Le figure in bronzo non sono là per insegnare: sono troppo assorbite dal loro lavoro e dal loro desiderio di potere o di superiorità per preoccuparsi di noi.Moneybags è l'eccezione.Tiene le mani incrociate dietro la schiena e pare sorvegliare con sguardo trasognato la folla che passa di corsa nella metropolitana. Ha un'aria di sufficienza, è minaccioso, vulnerabile, altezzoso e adorabile. Vi è però un precedente: questo personaggio si ispira alle caricature, realizzate da Thomas Nast, di un famoso leader democratico corrotto, William "Boss" Tweed, che sottrasse decine di milioni di dollari versati dai contribuenti. Nel 1870 la contesa politica che ebbe con lo stesso Nast, il brillante disegnatore che inventò la caricatura politica americana, fece vendere ai giornali numerose copie.

THE "BRAINS"
That achieved the Tammany Victory at the Rochester Democratic Convention.

DALLA 14TH STREET ALLA 42ND STREET

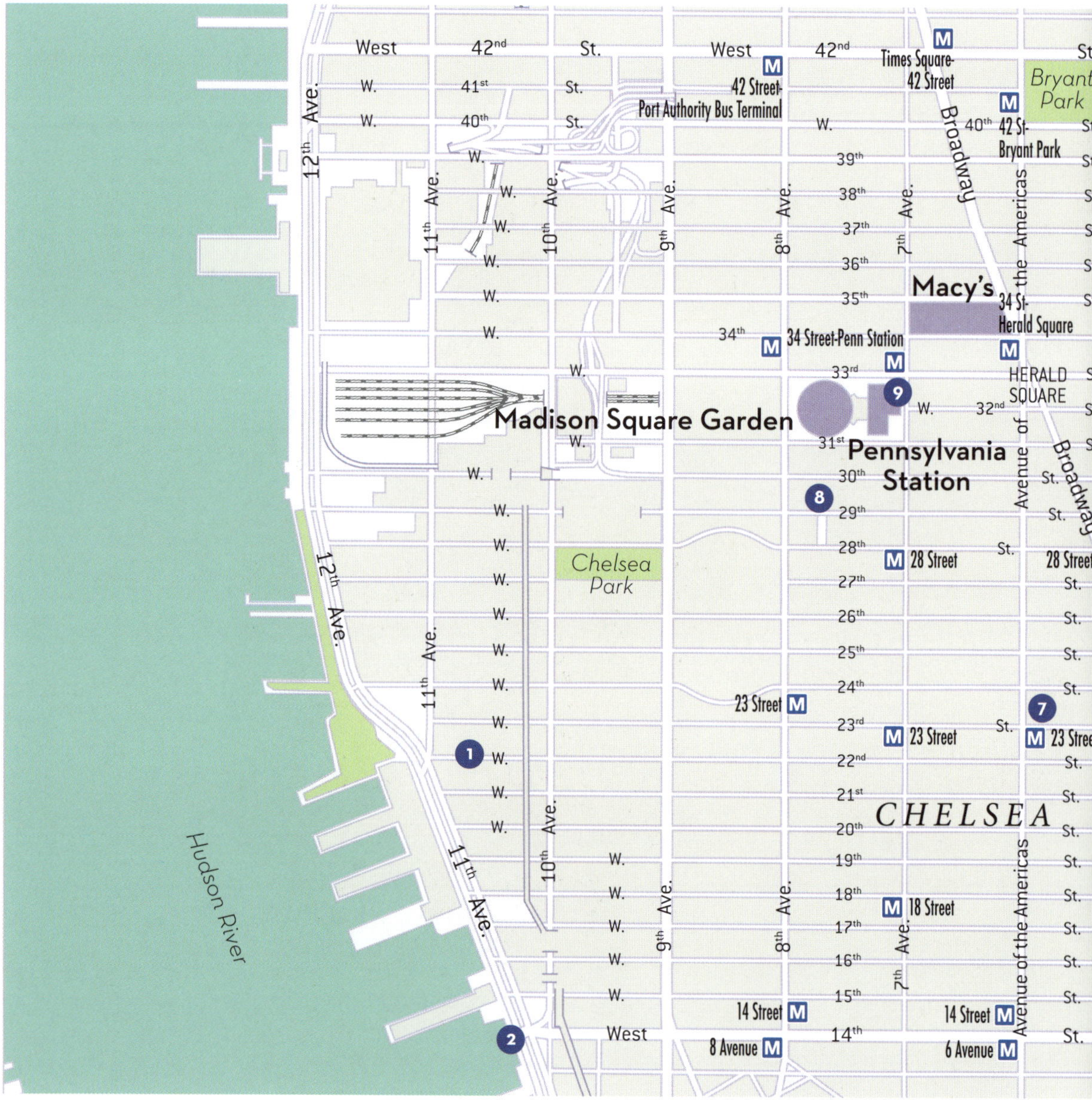

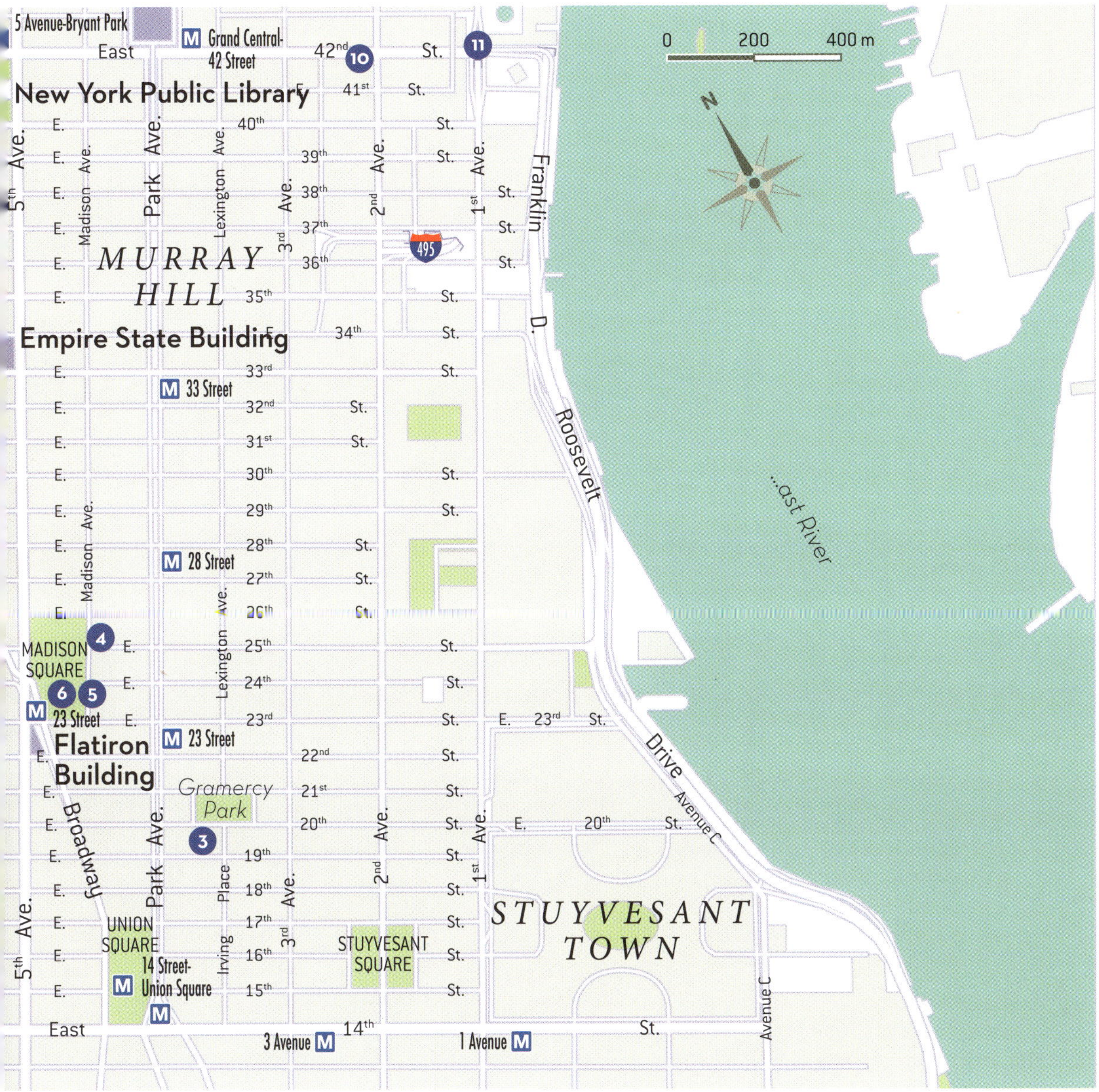
5 Avenue-Bryant Park
Grand Central-42 Street
East 42nd St.
New York Public Library
MURRAY HILL
Empire State Building
33 Street
28 Street
MADISON SQUARE
23 Street
Flatiron Building
Gramercy Park
Broadway
UNION SQUARE
14 Street-Union Square
STUYVESANT SQUARE
STUYVESANT TOWN
3 Avenue
1 Avenue
East 14th St.
5th Ave.
Madison Ave.
Park Ave.
Lexington Ave.
Irving Place
3rd Ave.
2nd Ave.
1st Ave.
Franklin D. Roosevelt Drive
Avenue C
East River
0 200 400 m
495

01.

22nd Street, tra la 10th e la 11th Avenue
Linee A, C e E / 23rd Street

7000 OAKS

La continua trasformazione della vita sulla 22nd Street

7000 Oaks (7000 Querce), dell'artista tedesco Joseph Beuys, è composta da una serie di cippi di basalto, ognuno collocato accanto a un albero, lungo tutto un isolato della 22nd St. Un'opera volutamente discreta, quasi intimista. Lo scopo artistico di Beuys, ammesso che possa essere sintetizzato, consisteva nel provocare nello spettatore una reazione spirituale ricreando il mondo sotto forma di una grande foresta. Beuys aveva anche una visione a lungo termine: gli alberi erano giovani quando furono piantati ma l'artista pensava che "nel giro di 300 anni avrebbero prodotto risultati molto visibili".

Gli alberi e i pilastri ad essi abbinati fiancheggiano i due lati della strada. Non sono stati collocati da Beuys. *7000 Oaks* è un'installazione postuma, l'estensione di un progetto molto più ambizioso che ha lo stesso nome e che si trova a Kassel, in Germania. Il primo albero fu piantato dall'artista nel 1982 e il 7000° da suo figlio Wenzel, cinque anni dopo. Si tratta per la maggior parte di querce, albero che Beuys amava particolarmente ("... una pianta che è sempre stata come una scultura, un simbolo del pianeta"), ma ci sono anche castagni, ginko, frassini, aceri e noci. Accanto ad ogni pianta c'è un enigmatico picchetto, una colonna di basalto alta circa 1,20 metri. Il basalto è una roccia vulcanica che può creare spontaneamente delle forme cilindriche con misteriosa regolarità, "magnifiche canne d'organo", diceva Beuys. Ogni albero piantato è un evento che sottolinea i rapporti evolutivi tra l'ecologia, la società e la vita in genere. Mentre l'albero cresce, la roccia, se mai si modifica, può solo essere erosa dalle intemperie. Il rapporto tra l'albero e il suo cippo in basalto è in costante evoluzione; è la metamorfosi il vero soggetto dell'opera.

I frequentatori di Chelsea non sono disposti ad ascoltare questa interpretazione. Uno degli aspetti più seducenti delle *7000 Oaks* è che l'opera non può essere messa in cornice, in una collezione e ancor meno venduta. La Dia Art Foundation, che finanziò il progetto iniziale a Kassel, installò questa estensione nel 1988, sulla 22nd St, dove hanno sede i suoi uffici principali. Oggi l'opera è parte integrante del quartiere.

02.

Sotto Little Island, al Pier 55,
tra la Tredicesima e la Quattordicesima Strada, nell'Hudson River

I RESTI DEL PIER 54

La destinazione del Titanic

A più di 112 anni di distanza dal più famoso naufragio della storia, ciò che oggi rimane della destinazione del Titanic si riassume in decine di pali di legno che marciscono nell'acqua nel quartiere di Meatpacking.
Il 10 aprile del 1912, l'RMS Titanic salpa da Southampton, in Inghilterra, per cominciare il suo viaggio inaugurale verso il famigerato Pier 59 (Molo 59), a New York. Come tutti sanno, la cosiddetta nave "inaffondabile" non arriverà mai a destinazione e solamente le scialuppe di salvataggio riusciranno ad attraccare al molo, sbarcate qualche giorno dopo dalla RMS Carpathia che le aveva salvate. La stessa nave si dirigerà poi verso sud per portare i sopravvissuti sfuggiti alle gelide acque dell'Atlantico al Pier 54, dove migliaia di persone in ansia attendevano di sapere se i loro cari fossero tra i superstiti.
Un tempo uno dei tanti moli di Chelsea che costeggiano la costa occidentale di Manhattan, il Pier 54 è stato teatro in più di un'occasione di diversi naufragi. Tre anni dopo aver accolto i superstiti del Titanic, proprio da questo porto salperà anche il transatlantico RMS Lusitania – all'epoca la più grande nave passeggeri del mondo – per quella che sarà la sua ultima traversata transatlantica.
Il Lusitania, con i suoi 2.000 passeggeri diretti a Liverpool, non raggiungerà mai le coste dell'Irlanda, e verrà silurato e affondato il 7 maggio del 1915 da un sottomarino tedesco che causò la morte di 1.195 passeggeri. La tragedia provocò un tale clamore nell'opinione pubblica da essere considerata una delle ragioni principali per cui l'America entrò nella Prima guerra mondiale due anni dopo.
Inoltre, nelle prime ore del 6 maggio del 1932, fu sempre sulla banchina del Pier 54 che dall'incendio di alcuni detriti infiammabili divampò quello che venne poi definito come un vero e proprio inferno. Furono infatti necessari ottocento pompieri per riportare le fiamme sotto controllo e, una volta domato l'incendio, del molo non restava più alcuna traccia.
Il Pier 54 fu quindi ricostruito, anche se dopo alcuni decenni cadde in stato d'abbandono fino a quando, nel 1991, la struttura ormai fatiscente venne demolita. Nel 2015 fu rimossa anche la lastra di cemento della banchina e al suo posto fu costruito il parco pubblico di Little Island.
Oggi, tutto ciò che rimane di questa vasta banchina è l'arco in acciaio ancora ornato dalle parole "Cunard White Star", ormai sbiadite, e sul lato sud del parco, una fila di pali di legno per lo più sommersi, lasciati per creare l'habitat adatto agli animali acquatici. Chi si affaccia vicino all'arco vedrà una piccola targa rotonda che offre una panoramica sulla storia del luogo, riassumendo la storia del Titanic con le parole "The Unsinkable Ship", ossia "la nave inaffondabile".

THE
UNSINKABLE SHIP
The first years of the 20th
century marked the heyday of luxury
transatlantic ocean liners, but also
witnessed their most infamous disasters.
In 1912, these piers were the intended
destination for the maiden voyage of the
Titanic. After hitting an iceberg in the
North Atlantic, the ship quickly sank and
the lives of most passengers and crew
were lost. The 710 survivors rescued
by the passenger ship Carpathia
were brought to Pier 54 where
these piles stand today.

03.

16 Gramercy Park South
theplayersnyc.org
Linee 4, 6, N e R / 23rd Street
Linee 4, 5, 6, N, Q, R e L / Union Square

THE PLAYERS

Il luogo in cui visse e morì Amleto

Nel Gramercy Park c'è una statua di Edwin Booth, il più celebre attore shakespiriano di New York. Per vederla, è necessario conoscere qualcuno che possieda la chiave del parco, oppure guardare attraverso la cancellata, o anche scalarla perché è l'unico parco privato di Manhattan. Ma c'è un modo migliore per fare conoscenza con il famoso attore: organizzare una visita al The Players ("Gli attori"), il club fondato da Booth, situato a pochi passi.

"Nel XIX secolo, tutti associavano Amleto a Edwin Booth – sostiene il bibliotecario del club, Ray Wemmlinger – E viceversa". Oggi, il nome di Edwin Booth fa pensare soprattutto al fratello, John Wilkes Booth, l'assassino di Abraham Lincoln (s.v. pag. 114). Questa parentela teatrale è uno degli aspetti più sconcertanti della tragedia. John Wilkes era attore di teatro, come i suoi fratelli Junius e Edwin. L'assassinio ebbe luogo in un teatro. Dopo aver sparato al presidente, John Wilkes balzò sulla scena e, come recitando, esclamò: "*Sic semper tyrannis!*" ("Così sempre ai tiranni").

Edwin era così celebre che la sua carriera non fu interrotta dall'atto criminale del fratello. Era molto stimato e migliorò la condizione degli attori in genere. "Nel 1888, Booth riunì un gruppo di gentlemen, -continua Mr Wemmlinger-, che svolgevano un ruolo importante a teatro ma anche in altri campi. Insieme fondarono "The Players"". Booth aiutò gli artisti a sbarazzarsi della reputazione di "canaglie e vagabondi" creando per così dire l'unico museo del teatro degli Stati Uniti. Al piano terra si trovano eleganti salotti; al primo piano la più bella collezione nazionale di volumi di opere teatrali del XIX secolo, riviste, lettere, spartiti per suggeritori e fotografie. C'è anche la camera, teoricamente intatta, dove visse (e morì) Edwin Booth. Un tesoro di ricordi: una spada utilizzata in *Macbeth*, la borsa in pelle del *Mercante di Venezia* e il vero cranio utilizzato dall'attore per l'Amleto. "Gli amanti del teatro si emozionano molto alla vista di questa camera", nota sobriamente Wemmlinger.

Booth possedeva tre crani veri per l'Amleto. Quello del club apparteneva, nel vero senso della parola, ad un ladro di cavalli condannato a morte.

I fratelli Booth salirono in scena insieme una sola volta, nel Giulio Cesare. Una rappresentazione destinata a raccogliere fondi per la statua di Shakespeare a Central Park (s.v. pag. 174).

04.

Manhattan Appellate Courthouse
27 Madison A
Linee N e R / 23nd Street

THE APPELLATE COURT HOLOCAUST MEMORIAL

Le porte dell'inferno in Madison Square

Nonostante i suoi dodici metri di altezza e le fiamme ondeggianti incise, il memoriale dell'Olocausto eretto sul lato ovest della Corte d'Appello passa spesso inosservato. Per molti aspetti questa dissimulazione è intenzionale. La progettista del monumento, Harriet Feigenbaum, ha voluto un tipo di marmo che si fondesse con l'architettura, considerando che il soggetto impegnativo prescelto si riferiva a fatti reali e non genericamente simbolici. Per capire quello che ha voluto dire, è necessario avvicinarsi alla scultura e leggere quanto vi è scritto.

Il cuore dell'opera è quello che la Feigenbaum definisce "una fotografia interpretata attraverso la pietra". Curiosando nella collezione di foto della sezione principale della New York Public Library, si è imbattuta in una vecchia veduta aerea di Auschwitz; una foto scattata dagli Alleati durante un bombardamento, il 25 agosto 1944, cinque mesi prima della liberazione del campo. La Feigenbaum è rimasta colpita dalla natura dell'immagine, dalla fredda precisione con cui è stata ritratta l'atrocità. "Quando ho visto quella foto – afferma – ho subito capito che era quello che cercavo". L'iscrizione sulla scultura era già stata scelta dal comitato del memoriale: *INDIFFERENCE TO INJUSTICE IS THE GATE TO HELL* (" L'indifferenza all'ingiustizia è la porta dell'inferno"). La foto insiste maggiormente sulle conseguenze dell'incapacità di porre fine al massacro più che sull'ingiustizia implicita di cui furono vittime undici milioni di persone assassinate nei campi di concentramento. La Feigenbaum ha trascorso sei mesi in Italia per ultimare la sua scultura e scegliere il tipo di marmo idoneo alla sua fotografia di pietra e alla grande colonna che la sovrasta. Il tema è ulteriormente consolidato dalla finezza delle fiamme della colonna che paiono propagarsi verso la Corte d'appello – sede della giustizia – minacciando di divorarla.

Il memoriale è stato inaugurato nel maggio 1990. Una decina di anni dopo, George McGovern, ex-senatore e candidato alle presidenziali del 1972, dichiarò pubblicamente che gli americani avevano fallito il tentativo di bombardamento delle ferrovie e delle camere a gas di Auschwitz, il cui orrore era stato raccontato agli Alleati dai prigionieri evasi. Questo fallimento riguardava personalmente il senatore McGovern: pilota dell'aviazione durante la guerra, aveva bombardato obiettivi a una decina di chilometri dal campo. "Che Dio ci perdoni – sospirò – per questo tragico errore di calcolo".

INDIFFERENCE TO INJUSTICE
EXECUTION WALL
TORTURE CHAMBER
IS THE GATE TO HELL

05.

1 Madison Avenue
Linee N e R / 23rd Street

THE METROPOLITAN LIFE TOWER

Un legame sconosciuto con Venezia

Da sempre, tra Manhattan e Venezia c'è un legame perenne e sconosciuto. Sono due città insulari, le cui vie sono corridoi tra i palazzi e questi, addossati uno all'altro, si sono sviluppati verticalmente invece che verso l'esterno. A Venezia, come a Manhattan, c'è un Guggenheim Museum e un Harry's Bar (che a New York si chiama Harry Cipriani, ed è, secondo il proprietario dei due locali, "una copia quasi perfetta dell'originale"). Tra le barchette nel laghetto a Central Park ci sono sempre state delle gondole, manovrate da gondolieri con maglia a righe e cappello di paglia. Recentemente, l'artista Julian Schnabel ha "rincarato la dose" collocando il suo palazzo rosa brillante in mezzo al Greenwich Village (s.v. pag. 104).

L'elegante Metropolitan Life Tower a Manhattan è il riferimento più evidente a Venezia: una torre di cinquanta piani su Madison Square, portata a termine nel 1909. All'epoca rappresentava il grattacielo più alto del mondo, ma la corsa verso il cielo era appena cominciata. Napoléon Le Brun e figlio, gli architetti, passarono in rivista le torri di tutto il mondo per trovare un modello che li ispirasse; alla fine scelsero il campanile di San Marco. Il campanile, la costruzione più alta della Serenissima, dominò la laguna veneziana per secoli prima di crollare spettacolarmente nel 1902. Ricostruito perfettamente identico in meno di dieci anni, svetta nello stesso luogo in Piazza San Marco. Qui, il punto comune tra New York e Venezia diventa più che simbolico: non solo il campanile e il MetLife hanno la stessa configurazione, le stesse proporzioni ma furono anche costruiti contemporaneamente.

E allora per quale motivo andare a cercare dei modelli architettonici nel passato quando si tratta sempre di torri destinate a crollare? In un vecchio articolo del *Times* si legge che "i problemi che gli architetti devono affrontare per un edificio di questo tipo non sono solo di natura ingegneristica. È molto difficile costruire torri di questo tipo, soprattutto se la base è quadrata e, in fondo, assomiglia a una scatola". Si può dire la stessa cosa per ogni piano. E via di seguito fino in cima.

06.

Madison Square Park, lato sud
nycgovparks.org
Linee N e R / 23rd Street

IL MONUMENTO A ROSCOE CONKLING

La grande tempesta del 1888

Il monumento più meridionale di Madison Square Park è un modello di semplicità: un gentiluomo in bronzo abbozza un gesto con la mano destra. Il suo nome, che forse non dice nulla, è inciso sulla pietra del basamento: Roscoe Conkling. Senatore e membro del Congresso degli Stati Uniti, Conkling era il capofila del partito repubblicano durante la presidenza del generale Grant. Non viene ricordato per quello che ha fatto, ma per le particolari circostanze della sua morte: Conkling fu stroncato dalla terribile tempesta di neve del 1888, la più celebre nella storia degli Stati Uniti. Durante la notte di domenica 11 marzo, sulla città si abbatté un'ondata di freddo: la pioggia diventò nevischio e le raffiche di vento facevano tremare gli edifici e rompevano i vetri. L'indomani a New York i treni non circolarono. Come ogni giorno, Roscoe Conkling uscì dal suo appartamento sulla 29th Street per dirigersi verso l'ufficio, a Wall Street. La tempesta divenne sempre più violenta: la bufera sollevava i pedoni e li scaraventava a terra o contro i muri. In alcuni punti, i cumuli di neve raggiungevano i dieci metri di altezza.

In queste condizioni atmosferiche, Mister Conkling, 58 anni, dopo aver trascorso la giornata da solo nel suo ufficio, s'intabarrò nel cappotto e si diresse verso il nord di Manhattan. Per raggiungere il New York Club sulla 25th Street, attraversò con difficoltà le strade battute dalla tempesta fino a Union Square. Improvvisamente la tormenta lo accecò e lo disorientò. Gli ci volle un'ora per aprirsi un varco attraverso la neve e ritrovare la strada per arrivare all'entrata del club. Qui crollò. Si ammalò gravemente ed un mese dopo morì di polmonite.

Gli amici raccolsero i fondi necessari alla realizzazione di una statua. Fu proposto di collocarla a Union Square, ma l'amministrazione ritenne che Madison Square fosse più appropriata. Il monumento, opera di John Quincy Adams Ward, è qui visibile dal 1893.

07.

71 West 23rd Street
nymasons.org
Linee F e M / 23rd Street
Linee N e R / 23rd Street (East) – Broadway

LA GRANDE LOGGIA DEI MASSONI

Una società segreta molto aperta

La Grande Loggia di New York era un tempo la più grande loggia massonica del mondo. Fondata nel 1782 (anche se la massoneria era già presente nell'America coloniale), la sua sede si trova curiosamente in un immobile di 19 piani sulla 23rd St.

Vi hanno fatto parte così tanti personaggi importanti che l'associazione ha la fama, fosca e sinistra, di dominare il mondo, caratteristica che la rende più flessibile rispetto alla maggior parte delle istituzioni.

Il 14° piano è occupato dalla biblioteca. Oltre al modellino del Tempio del Re Salomone (fondamentale per i riti massonici) e ai busti e ritratti di massoni illustri (14 presidenti degli Stati Uniti, tra cui George Washington), c'è un'elaborata riproduzione del Processus Contra Templarios, l'atto del processo che il Vaticano intentò contro i Templari nel 1308. Non c'è nulla che attesti il rapporto tra i cavalieri templari e i massoni, tuttavia, come afferma il responsabile della biblioteca Thomas Savini, "conserviamo questo documento perché molti credono che un rapporto ci sia". Il signor Savini è abbastanza intelligente da non lasciarsi infastidire dai pazzi. "Ce ne sono di tutti i tipi. – osserva – Persone che credono che noi intendiamo regnare sul mondo e che vogliono sapere dov'è nascosto il nostro tesoro. Fino a quando tratteranno i libri con cura e rispetteranno le regole della casa, saranno i benvenuti". La biblioteca è molto fornita: più di 60.000 volumi, uno dei maggiori centri di documentazione massonica del mondo.

Se volete formarvi un'idea ancora più precisa della massoneria newyorchese, visitate le logge dei piani inferiori, dove il pubblico è gentilmente invitato ad entrare. In pochi minuti si sfugge al caos della 23rd St e ci si ritrova in una delle sontuose sale da cerimonia con soffitti alti – Sala ionica, Sala Rinascimento – ad ascoltare le battute trite e ritrite della guida. La sfarzosa decorazione delle sale, rifatta negli anni '80, è abbastanza comune, anche perché è identica in ogni sala, a parte qualche dettaglio d'epoca. Il tema sottinteso pare essere: "I massoni non sono per nulla minacciosi!". La maggior parte delle porte è aperta ma ciò non rassicurerà un certo tipo di visitatore, convinto che le porte chiuse nascondano sale buie con le pareti ricoperte di sangue sacrificale.

08.

242 West 30th Street
Linea 1 / 28th Street

VOLPI DI PIETRA E PELLICCE

Delle misere guardie

27 luglio 1933: tre uomini entrano al 242 West 30th Street, salgono al decimo piano e irrompono negli uffici, armi in pugno. Trascinano il contabile e i funzionari in una grande stanza, dove una decina di operai preparano le pellicce di volpe. Due degli uomini li legano, mentre il terzo, apparentemente "sensibile al valore delle pellicce", ammucchia quelle più belle nei cartoni. I ladri poi fuggono prendendo l'ascensore di servizio, con un bottino di $ 15.000 in pellicce.
21 novembre 1935: due usurai, Samuel Mintz e Maxwell "Kitty" Nathan, vengono condannati per aver concesso prestiti senza licenza. Lavoravano molto con i pellicciai, incassando fino a $ 100.000 al mese. Accusarli non fu facile dato che Mintz era popolare tra i pellicciai. Uno di loro, Joseph Fund, alla fine ammise di aver sottoscritto tre prestiti di $ 100 al 5% di interesse; lavorava per la Knickerbocker Fur Company al 242 West 30th Street.
22 febbraio 1936: una donna che attraversava la 242 West 30th Street fu sfiorata dalla morte quando una massa colpì il marciapiede accanto a lei. Questa massa era Andrew Turkchensky, 39 anni, "morto cadendo o saltando dal sesto piano". Era un pellicciaio e lavorava nell'edificio.
31 Dicembre 1936: è la notte dei pellicciai Cutler & Eve Ostrowsky al 6 ° piano del numero 242. Quattro banditi fanno irruzione, chiudono i dipendenti nel magazzino e se ne vanno portando via "pellicce di visone e pelli di agnello della Persia" per più di $ 10.000.
Avete colto l'idea: in pochi anni, questo edificio è stato testimone di vari episodi violenti, tutti riportati nel *New York Times*. Banditi, tragedie, incidenti, gangster, cecchini: questo è solo un assaggio del tumulto del periodo d'oro della pelliccia, inseparabile dall'identità del quartiere intorno al 1930. Costruito nel 1927, l'edificio al 242 West 30th è ornato da due volpi di pietra, solenni ed emblematiche, in omaggio agli innumerevoli animali uccisi per la loro pelliccia. Noterete che le volpi delle guardie sono ben misere.

Se volete vedere una reliquia ancora più strana del commercio di pellicce, andate un po' più lontano, al 214 Ovest della 29A, dove delle sculture di nani accarezzano scoiattoli e le pelli con una tenerezza quasi indecente.

242

09.

7th Avenue a West 33rd e West 31st Street
Linee 1, 2 e 3 / 34th Street – Penn Station

LE AQUILE DELL'ANTICA PENN STATION

Entrare in città come un dio

Due aquile in pietra si ergono sulla 7th Avenue, di fronte alla Penn Station: una all'angolo della 33rd Street e l'altra a quello della 31st Street. Scolpite in due blocchi di marmo di 3 tonnellate ciascuno, con gli artigli piantati nel piedistallo in granito, petto in fuori ed ali spiegate, osservano perplesse il traffico. Se paiono un po' fuori contesto è perché un tempo si trovavano sulla facciata dell'antica Penn Station. Ora invece sono state collocate sul pavimento della squallida stazione che la sostituisce: la loro presenza pare più un insulto che un omaggio.
Gli architetti e gli storici parlano della vecchia stazione come se si trattasse di un parente assassinato. "Com'è triste e tragico – dice lo storico David McCullough in un documentario su New York – pensare che molti americani che vengono per la prima volta a Manhattan non proveranno l'emozione di scndere alla Penn Station". La sala d'attesa era il più ampio spazio coperto della città, con volte a cassettoni e colonne corinzie, sul modello delle terme di Caracalla a Roma. All'esterno, un colonnato alto più di dieci metri, con accessi sui quattro lati, sopra ognuno dei quali erano sospesi enormi orologi scolpiti nella pietra e affiancati dalle allegorie del giorno e della notte. Quando fu portata a termine, nel 1910, gli architetti McKim Mead & White erano persuasi di aver eretto un tempio metropolitano per l'eternità.
Durò solo 53 anni. Gli aerei e le autostrade decretarono la fine dell'era del treno. Nel 1962, le ferrovie della Pensylvania, stanche degli elevati costi operativi, annunciarono che avevano in programma di radere al suolo il Beaux-Arts Treasure e di sostituirlo con il Madison Square Garden che, nei giorni migliori, ricorda una fabbrica sovietica per l'arricchimento dell'uranio. Vincent Scully, professore alla Yale University è lapidario: "Un tempo si entrava in città come se si fosse stati degli dei, oggi si striscia come ratti".
Gli operai ci hanno messo più di tre anni per distruggere i mucchi di granito e travertino. Le sculture in pietra di Adolph Weinman – capitelli, angeli e allegorie – furono ammucchiate in una palude del New Jersey. Non vi è alcuna targa informativa sulle aquile della 7th Avenue e quando ci si rivolge a un vigile, un portiere d'albergo, un impiegato d'ufficio, un ubriaco simpatico, un venditore o rivenditore di biglietti, si scopre che nessuno di loro, o quasi, ha notato la loro presenza.

10.

220 East 42nd Street
Linee 4, 5, 6, 7 e S / Grand Central – 42nd Street

L'ATRIO DEL DAILY NEWS BUILDING

Un mappamondo di due tonnellate al centro del mondo

I grandi edifici Art deco di New York possiedono una qualità eroica che non si ritrova nelle costruzioni successive. Il Rockefeller Center, l'Empire State Building e il Chrysler Building si distinguono per una grandiosità che potremo definire disinvolta. A questo elenco va aggiunto un altro edificio, meno visitato, ma molto interessante perché riflette lo spirito degli anni '30: il Daily News Building con l'enorme mappamondo di due tonnellate che si trova nella hall. La sfera è conficcata nel pavimento e illuminata teatralmente grazie alla luce che si irradia dal basso, attraverso dei gradini di vetro. Emana un'energia dolce e intensa. Non sorprenderebbe scoprire la propagazione, in tutto l'edificio, di un potere misterioso da parte di questa sfera luminosa. Tutto attorno, il pavimento, di mosaico e rame levigato, è costellato da scure protuberanze, simili alle lancette delle vecchie rose dei venti; il soffitto è una cupola in vetro nero. Fu la sede del Daily News dal 1925 al 1995 e se il coraggio e l'attività di un grande giornale internazionale servono a qualcosa si può affermare che servano a compensare l'idealismo. Nel caso in cui questo messaggio fosse sfuggito, sono inseriti nel pavimento in bronzo i nomi di alcuni luoghi, affiancati da un numero: Johannesburg 7988, Bermuda 768 – la distanza in miglia da New York, il centro del mondo. Si possono anche leggere osservazioni istruttive quali: "Se il sole avesse la dimensione di questo MAPPAMONDO, la Terra sarebbe grande quanto una noce e si troverebbe davanti all'entrata principale di Grand Central Terminal". Con lo stesso spirito di precisione cosmica, questo gigantesco pianeta è stato montato, altro rompicapo, rispettando l'esatta inclinazione della Terra. E si muove. Regolarmente, come un orologio, la sfera ruota di alcuni gradi sul suo asse. Vernon, l'uomo che lavora da decenni dietro il bancone dell'entrata, subisce ancora il fascino del mappamondo. "Se lo osservate da vicino, vedrete che è stato dipinto a mano. Una volta la gente non perdeva il suo tempo davanti ad uno schermo, – aggiunge spazzando via la modernità con il dorso della mano –. Qualcuno si è dato da fare a *dipingere* questo mappamondo".

IL GIORNALE DI SUPERMAN

I fan di Superman sapranno già che il Daily News Building ha fatto da sfondo al Daily Planet, il giornale di Clark Kent e Lois Lane nel film di Richard Donner nel 1978. Il Daily Planet Building è apparso per la prima volta nelle animazioni di DC Comic del 1942. Si ispira forse al Paramount Building di Times Square in cima al quale c'è un globo terrestre.

BERMUDA 768

11.

Visibile su tutte le strade trasversali della planimetria
al di sopra della 14th Street, in genere il 28 maggio e il 12 luglio

IL SOLSTIZIO DI MANHATTAN

Quando il Sole attraversa la cruna dell'ago

La planimetria cittadina, prevista dal Commissioners' Plan del 1811, rispetta l'asse naturale di Manhattan. L'isola è inclinata di 29° rispetto al piano verticale; un elemento che sconcerta i newyorchesi che, abituati alle cartine del metrò e della città orientate rispetto alla geometria del piano stradale, vedono Manhattan su una piantina in cui New York non è più il centro dell'universo. Ironia della sorte: il piano urbano della città, definito così rigorosamente dalle direzioni cardinali, è sensibilmente fuori asse.

Ventidue giorni prima e dopo il solstizio d'estate (21 o 22 giugno), i newyorchesi hanno la possibilità di ricordarsi che Manhattan è solo un punto su un globo in rotazione, bloccato nell'orbita intorno ad una stella. Durante quei giorni, il sole tramonta in linea con le strade trasversali. Il fenomeno è stato battezzato *Manhattanhenge*, alludendo ad antichi misteri, ma in realtà parte della sua bellezza sta nell'assenza di un disegno, o meglio nel fatto che il sistema solare pare abbia magistralmente associato un disegno concepito per un altro scopo. Tutte le città del mondo hanno strade e tramonti ma New York è l'unica ad essere percorsa da canyon simmetrici e immensi edifici.

Il fenomeno può essere osservato in qualsiasi strada trasversale. L'effetto è ancora più spettacolare se gli edifici sono alti: la 42th Street è diventata la strada prediletta. Per godersi il panorama del passaggio del sole attraverso la cruna dell'ago, si consiglia di andare all'estremità orientale dell'isola: il Tudor City Bridge, che attraversa la 42th Street, è l'unico luogo dove assaporarne la vista senza preoccuparsi del traffico.

Verso le otto, gli entusiasti sono tutti riuniti. "Eccolo!" grida qualcuno mentre il sole, giungendo da sinistra, si infila nel corridoio luccicante e il cielo, già arancio, si infiamma. Gli scatti delle macchine fotografiche accompagnano l'astro che, sorprendentemente celebrato, invade progressivamente lo spiraglio. Quindi scompare e il cielo sfuma in una gradazione di arancio e violetto, fino ad incontrare il profilo sbiadito del New Jersey. In basso, una macchina della polizia strilla ad un gruppo di curiosi storditi dagli ultimi bagliori del crepuscolo. "Sgomberare! Siete in mezzo alla strada!"

Manhattanhenge si verifica anche in inverno ma all'alba: prima e dopo il solstizio d'inverno (21 o 22 dicembre), il sole sorge all'estremità orientale delle strade trasversali.

DALLA 42ND STREET ALLA 59TH STREET

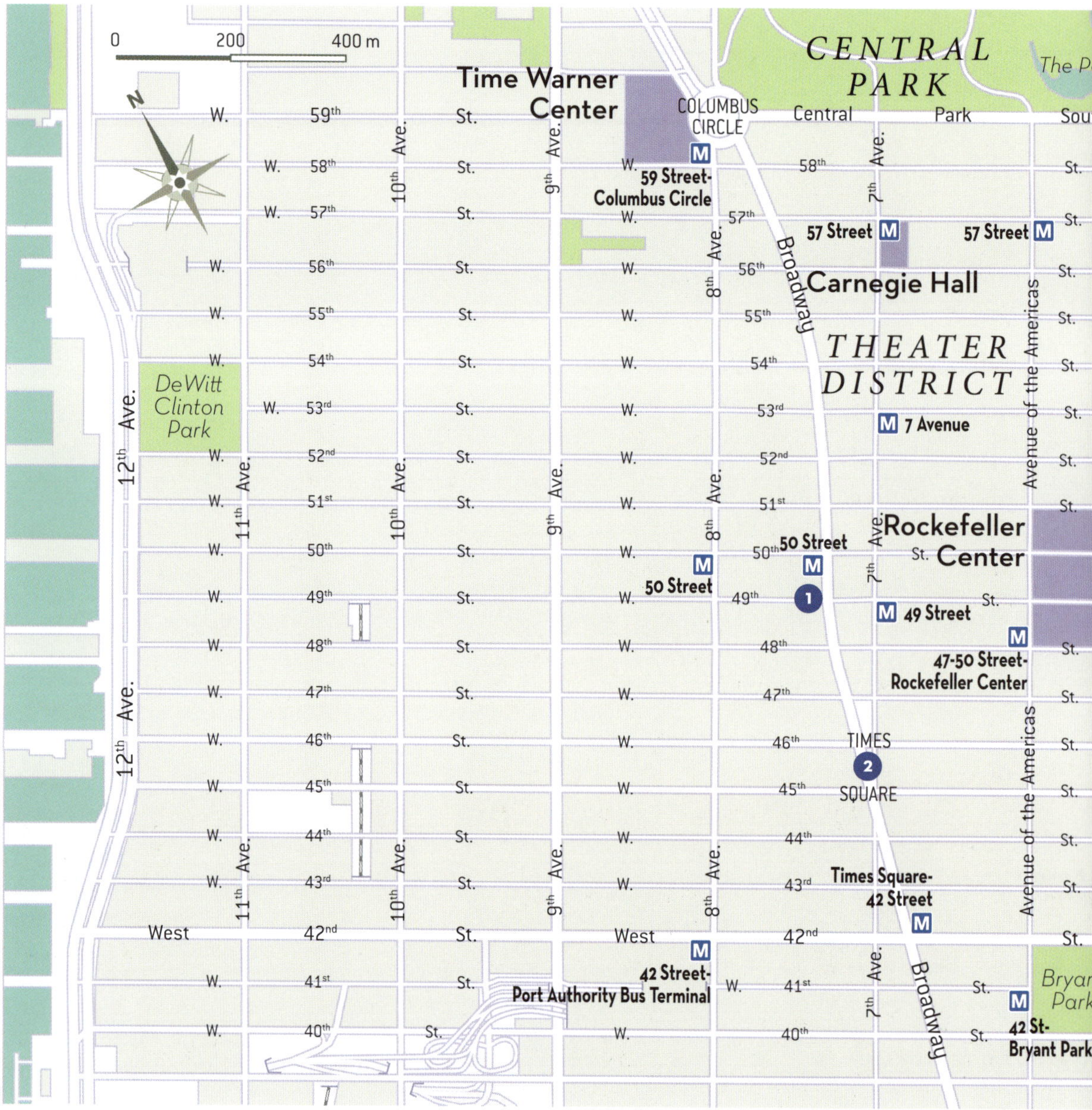

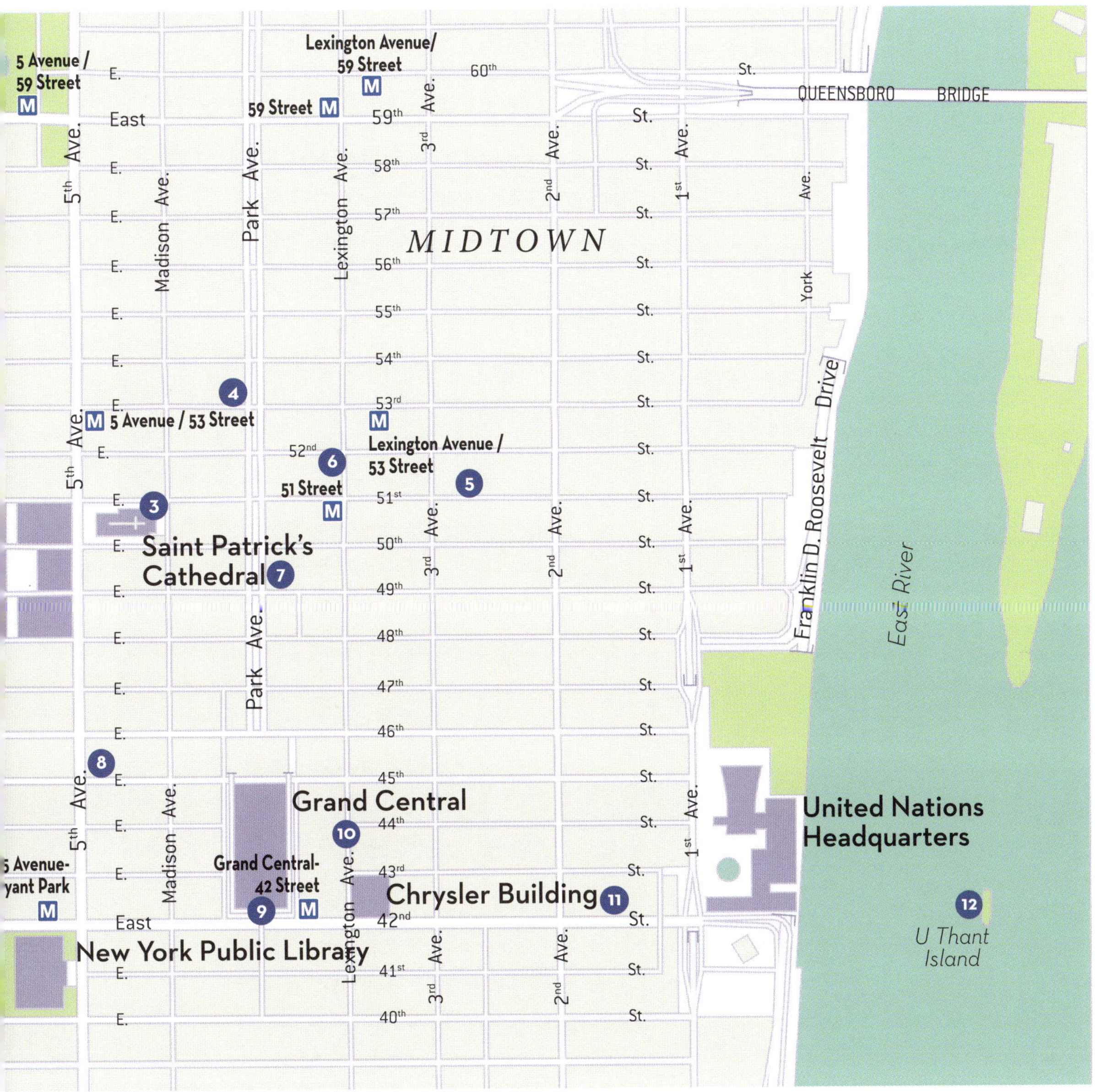

07. IL PIANOFORTE DI COLE PORTER *p. 146*

08. IL FRED F. FRENCH BUILDING *p. 148*

09. LA GALLERIA DEI SUSSURRI DI GRAND CENTRAL *p. 150*

10. I RATTI DEL GRAYBAR BUILDING *p. 152*

11. L'ATRIO DELLA FORD FOUNDATION *p. 154*

12. U THANT ISLAND *p. 156*

01.

1619 Broadway, all'altezza della 49th Street
Linee 1, 2, A e C / 50th Street
Linee N, Q e R / 49th Street

IL BRILL BUILDING

Un tragico ribaltamento della fortuna a Times Square

Il quartiere di Times Square è immerso in un turbinio di luci: quasi non si riesce ad immaginare che, dietro questa frenesia di colori, ci possano essere degli splendidi palazzi. Nella relativa oscurità dell'estremità nord del quartiere, tra Broadway e la 49th Street, vi è un edificio singolare che merita attenzione: il Brill Building. È l'unica costruzione con facciata Art deco, con una particolarità: sopra l'entrata, ed anche al decimo piano, vi è il busto dorato di un giovane dallo sguardo vacuo. Se ci si interroga sul motivo per cui, sui grattacieli, non si vedono più ritratti monumentali, questo palazzo fornisce la risposta: è assai strano. Questo giovane è Alan E. Lefcourt, il figlio del costruttore dell'edificio, che non porta il suo nome a causa di un tragico ribaltamento della sorte. Il padre di Alan, Abraham Lefcourt, iniziò la sua carriera come lucidatore di scarpe e, alla maniera newyorchese, dopo aver fatto la gavetta nel settore immobiliare, si ritrovò alla testa di un impero. Amava talmente il suo unico figlio che, nel giorno del suo tredicesimo compleanno, gli fece dono di un grattacielo che venne chiamato Alan E. Lefcourt Building. Nel 1929, quando Lefcourt valeva 100 milioni di dollari, iniziò la costruzione di questo immobile di Times Square che, sul progetto, era il più alto del mondo. Ma, nel giro di due anni, il figlio di Lefcourt morì di anemia, la Borsa crollò, l'immobile venne svalutato, gli investitori intentarono un processo, l'impero collassò e lo stesso Lefcourt morì (forse si suicidò). I fratelli Brill, che erano inquilini, si appropriarono del bene ipotecato e gli dettero il loro nome. Il Brill Building sarebbe diventato uno dei pilastri dell'industria musicale americana.

L'UNICO MONUMENTO DEDICATO A UN SOPRANNOME

Cinque isolati più in là, a Broadway, all'altezza della 54th Street, si trova probabilmente l'unico monumento dedicato a un soprannome. L'incrocio si chiama ufficialmente Big Apple Corner. L'origine del soprannome di New York, *Big Apple*, è assai confusa ma pare che provenga dalla cultura nera degli anni '30. Big Apple era il nome di un famoso club di jazz di Harlem: avere la possibilità di suonare nel locale era il *non plus ultra*. Il termine era utilizzato anche agli ippodromi dai garzoni di stalla afroamericani; il giornalista sportivo John FitzGerald lo sentì e lo rese popolare sulla stampa. Il Big Apple Corner si trova accanto all'hotel dove visse e morì FitzGerald.

BRILL BUILDING
1619

02.

Angolo sud-ovest tra la 46th Street e la 7th Avenue,
isola pedonale a est di Broadway
Linee 1, 2, 3, 7, N, R, Q, S, W / 42nd Street-Times Square
Linea 1 / 50th Street
Linee N, R et W / 49th Street

TIMES SQUARE

Le persone non sono molto attente ...

"Sembra un suono proveniente da qualche altra parte," dice John, sorridendo, fissando i suoi piedi. Originario del Ghana, John indossa la giacca rossa dei venditori di tour in autobus. Times Square è il suo regno e lavora nello stesso angolo della strada "tutti i giorni, tutto il giorno". Inclina la testa per ascoltare meglio attraverso la confusione di uno dei luoghi più visitati al mondo. Nella strada si mescolano il rombo del traffico, il gemito della ventilazione delle torri dall'altra parte di Broadway e le mille lingue della marea dei turisti. Ma in questo momento, solo John nota, per la prima volta, che un ronzio soprannaturale si leva dalle griglie sotto i suoi piedi.

Questa scultura sonora dell'artista Max Neuman, sobriamente intitolata "Times Square", canta misteriosamente dal 1977. Attraverso le griglie, vediamo solo travi sporche e i tradizionali rifiuti urbani: carte unte, tappi di plastica, una moneta o due. È la strada stessa che sembra cantare. Il suono ricorda il ronzio di una grande campana appena suonata. Poco vario, tuttavia è un suono ricco, denso e commovente, che sembra allontanarsi definitivamente.

"Sembra un carillon" dice Guy, che un minuto prima si affrettava ad attraversare l'isola pedonale, fissando il terreno, come ogni newyorkese che si rassegna ad attraversare Times Square. "È bello vivere in una città per lungo tempo senza averne scoperto tutti i segreti. È come una caccia al tesoro." "Cosa dice il suono? Forse che le persone non sono molto attente."

Un'altra spiegazione possibile: significa che tutto ha un interesse. Quest'opera rende interessante un angolo di una strada senza fascino, sommerso da stimoli, e notarlo ci ancora fortemente qui e adesso.

2:48
TDK
LISTE

03.

Lady Chapel of Saint Patrick's Cathedral (esterno)
All'angolo tra Madison Avenue e della 51st Street
saintpatrickscathedral.org
Linee E e M / 5th Avenue – 53rd Streeet
Linee B, D, F e M / Rockefeller Center
Linee 4 e 6 / 51st Street

IL MAIALE DI SAINT PATRICK

Divertente e meno spaventoso

Provate a chiedere alle gentili signore che accolgono i visitatori all'ingresso se la cattedrale di Saint-Patrick nasconde qualche segreto interessante. Scuoteranno il capo. "No", dice Eileen mentre Marianne indica con il dito il retro della chiesa: "A meno che non vogliate vedere il maiale?".

Il "maiale" è un demone in pietra che si staglia contro il muro esterno della Lady Chapel, nella parte posteriore dell'edificio. La scultura è oggetto di battute scherzose da parte dei preti che possono contemplarla dai loro alloggi al secondo piano del presbiterio, a pochi metri di distanza. Si tratta infatti della prima cosa che vedono quando escono al mattino. Nessuno sa in realtà di cosa si tratti.

Cinque minuti dopo, Marianne accenna con il capo alla scultura, mentre all'esterno il traffico in Madison Avenue è assordante. La creatura in questione non ha l'aspetto di un maiale né di un altro animale terrestre. È un mostro tozzo che si aggrappa alle finestre, le zampe hanno solo tre dita, ha un grosso ventre e un collo a cresta di gallo che sparisce in una fessura del muro.

"Qualcuno ha pensato che si tratti di un ippopotamo" ipotizza monsignor Ritchie che si affaccia insieme a padre Joe alla finestra aperta del presbiterio sopra il marciapiede. "Monsignor Sullivan ci ha visto delle zampe di anatra". Per loro, il maiale è là per divertire la gente. "Quando faccio visitare la cattedrale a qualcuno - afferma padre Joe - gli mostro la scultura. Si tratta comunque di una peculiarità".

Da molto tempo i mostri sono presenti nelle chiese, alcuni vengono direttamente dall'inferno. Ma non è venuto in mente ai preti che l'intenzione iniziale non fosse poi così scherzosa? Che il maiale potesse avere un significato più oscuro? "Uno scherzo" rispondono insieme sorridendo.

E infatti hanno ragione. Fu Charles T. Mathews ad aggiungere successivamente la cappella della Vergine alla chiesa, opera dell'architetto James Renwick. Secondo una vecchia guida della cattedrale, Mathews visse per un certo periodo in Francia e qui si appassionò alle figure grottesche. La sua intenzione iniziale era quella di rappresentare delle figure terrificanti ma l'amministrazione lo convinse a realizzare qualcosa "di più divertente e meno spaventoso". Verso il 1940 le figure grottesche vennero rimosse perché minacciavano di cadere. Rimase solo il "maiale", nel suo comodo angolino.

04.

390 Park Avenue
Linee E e M / 5th Avenue – 53rd Street

THE LEVER HOUSE PLAZA

Arte a blocchi

La Lever House è sempre stata un'icona: è il primo grattacielo a facciata continua costruito con la tecnica del *curtain wall*, in cui l'esterno poggia su una struttura portante. Recentemente l'edificio è venuto alla ribalta per un altro motivo: è diventato l'inaspettata sede di un museo di arte contemporanea.
Costruito tra il 1950 e il 1952, fu inizialmente la sede della Lever Brothers, fabbricanti inglesi di sapone. Un monolite di 24 piani, brillante come un cristallo, che suscitò la passione per i *curtain wall*: in meno di dieci anni, il miglio di Park Avenue da Grand Central fino alla 59th, luccicava di edifici in vetro. Vincolata nel 1982 e restaurata dalla società immobiliare RHR Holding, la Lever House ha ritrovato lo splendore che aveva 50 anni fa. Con una notevole differenza: oggi lo spiazzo all'esterno è occupato da monumentali sculture e installazioni di grandi artisti.
Tutto ciò lo si deve ad un amico dei proprietari, Richard Marshall, da vent'anni conservatore del Whitney Museum. Agli inizi, la società RHR Holding pensava di utilizzare lo spazio a scopi commerciali, ma il vincolo limitava le possibilità. Marshall allora propose l'idea di uno spazio per mostre temporanee: sulla piazza antistante gli artisti avrebbero presentato le sculture più grandi mentre all'interno, nella hall dalle pareti di vetro, avrebbero trovato posto le altre opere realizzate con metodi vari. Il progetto iniziale si è trasformato in quella che oramai è la politica della Lever House.
Sono state esposte le opere di importanti scultori tra cui Damien Hirst, Keith Haring e Jeff Koons. Gli artisti sono attirati dalla possibilità di esporre le loro opere in un quartiere che nessuno definirebbe "spiacevole", e la RHR Holding si arricchisce nella nebulosa dei cachet. In fin dei conti si tratta però di un servizio pubblico. "Le gallerie organizzano esposizioni per vendere e i musei chiedono di pagare i biglietti d'entrata. – afferma Marshall – Noi non vendiamo niente, non facciamo pagare e siamo aperti tutti i giorni". Quando gli è stato chiesto se le opere esposte non siano un po' troppo per gli impiegati che frequentano la zona (a partire da *Virgin Mother*, una scultura in bronzo di Damien Hirst, alta dieci metri che rappresenta una donna incinta con la pelle a metà staccata), Marshall ha risposto "Sento complimenti e lamentele".

Al 375th di Park Avenue, sull'altro lato della strada, si può andare a visitare un'altra icona dell'architettura funzionale: il Seagram building di 38 piani di Mies van der Rohe, costruito cinque anni dopo la Lever House.

05.

217 East 51st Street
greenacrepark.org
Linee E e M / 53rd Street
Linee 4 e 6 / 51st Street

GREENACRE PARK

La quintessenza di Manhattan

New York è disseminata di oasi: spazi in cui il passeggiatore può rinunciare per un attimo al ritmo frenetico della città e godersi la pace. Molte oasi sono naturali e più intime di quanto non si pensi: una tromba delle scale, un paio d'alberi. Altre sono frutto di invenzione. Tra queste la più riuscita è Greenacre Park, sulla 51st Street.

L'aspetto più sorprendente è il rifiuto totale della natura: Greenacre non fa nulla per darsi un'aria di campagna. Non si ha l'impressione di essersi allontanati da Manhattan ma di essere giunti in uno spazio in cui sono state condensate tutte le caratteristiche di Manhattan fino alla quintessenza. Geometria, rumore e vita pubblica regnano sovrane; il silenzio ha il sapore della quiete cittadina, energica e autoconsapevole. L'attrazione principale è una cascata alta otto metri, che imita la storia del paesaggio urbano: migliaia di litri di acqua scrosciano fragorosamente su alcuni blocchi scoscesi di granito. L'edera avvolge su entrambi i lati la pietra sottostante, ad angolo retto. Il fragore dell'acqua è un effetto calcolato. Sedetevi con un libro, nella leggera foschia della terrazza più bassa, e non sentirete più la strada a pochi passi: il rumore costante dell'acqua produce una specie di silenzio. L'aria del parco ha anche un odore gradevole e artificiale che ricorda il cloro.

All'epoca in cui John Lindsay era sindaco, le oasi urbane erano ritenute ufficialmente indispensabili. Molte sono caratterizzate da un'acustica particolare: lo scroscio dell'acqua che maschera il brusio della città si chiama "grey noise" (rumore grigio). Realizzata nel 1971 grazie ai fondi di un ente privato, Greenacre è un'oasi di pace in cui vigono regole precise: non spostare le sedie da una terrazza all'altra, non toccare le piante; proibito fare esercizi fisici e portare animali domestici. Il guardiano, per nulla ipnotizzato dall'effetto dell'acqua della cascata, non esiterà a farsi obbedire.

PALEY PARK: UN CONCETTO IDENTICO

Lo stesso concetto viene espresso a Paley Park, sulla 53rd Street, a solo tre avenue da Greenacre. Uno spazio minimalista in cui è stato concentrato un aspetto di Manhattan. Un semplice muro su cui scorre l'acqua e una fila simmetrica di carrubi lo rendono un luogo elegante. Da vedere la sera, quando una lampada al sodio illumina da dietro la cascata e l'acqua luccica e brilla come polvere d'oro.

06.

Angolo sud-ovest di Lexington Avenue e East 52nd Street
Linee 4 e 6 / 51st Street

LA GRIGLIA DI AERAZIONE DI MARILYN MONROE

Dove "la Ragazza" è diventata una leggenda

La metropolitana passa e un soffio d'aria, attraverso la griglia di aerazione, solleva la gonna di Marilyn Monroe. Forse non è la scena più celebre del cinema americano, ma è senz'altro molto nota. Fu realizzata all'angolo tra la Lexington Avenue e la 52nd Street.

Marilyn Monroe fu scelta da subito per recitare in *Quando la moglie è in vacanza*. Nella sceneggiatura del film (e dello spettacolo di Broadway da cui è tratto), il personaggio di Marilyn è descritto semplicemente come "la Ragazza". La storia è semplice: un marito fedele è solo a casa, ma la Ragazza lo fa impazzire. Billy Wilder, regista del film, temeva che il suo lavoro sarebbe stato proibito dalla pudibonda censura di Hollywood. Alla fine fece una concessione fondamentale: a teatro i personaggi finiscono a letto, ma nel film la tensione resta alta. E Marilyn è ancora più desiderabile.

Anche se ai giorni nostri la scena della metropolitana appare alquanto insignificante, ciononostante rimane leggendaria. Il marito fedele (Tom Ewell) e Marilyn escono dal cinema in una serata di caldo torrido. Innocentemente Marylin dice: "Uuuh! Senta il vento della sotterranea! Che delizia". I newyorchesi conoscono già la risposta ("No!"). Ma che importa? Siamo al cinema. La scena fu girata il 9 settembre 1954 e fu molto pubblicizzata: quando Marilyn arrivò, nel suo abito plissettato, sul posto erano già accorsi un migliaio di spettatori ed una schiera di fotografi che si facevano largo a gomitate.

Come nel film la vicina del marito è stata semplicemente definita come "la Ragazza", allo stesso modo la carriera cinematografica di Marilyn – e lei stessa – è stata limitata a quel solo instante in cui si vedono apparire le sue gambe nude al passaggio del treno. Quest'immagine è riprodotta su poster, tazze, salvadanai, T-shirt, portachiavi e tappetini per il mouse: nei negozi in 5th Avenue non c'è che l'imbarazzo della scelta. Sono invece rare le persone che vanno sul luogo in cui è stata girata la scena. Il proprietario del ristorante davanti al quale si trova la famosa griglia afferma che quelli che ci vanno rimangono delusi. "Non c'è neppure una targa, nulla." Steve McClendon, il netturbino che spazza la griglia "venti o trenta volte al giorno", non conosce il film, ma sobbalza quando sente il nome di Marilyn Monroe. Dopo aver sopportato un'imitazione della scena leggendaria, sorridendo, esclama: "Ah, sì, questa la conosco!"

BUSES
ONLY

07.

Waldorf Astoria
301 Park Avenue
hilton.com/fr/hotels/nycwawa-waldorf-astoria-new-york
Linee 4 e 6 / 51st Street

IL PIANOFORTE DI COLE PORTER

Non esiste canzone d'amore più bella

Nel mezzanino dell'hotel Waldorf-Astoria, sul lato di Park Avenue, c'è un pianoforte Steinway. Il coperchio è fessurato, la vernice scalfita, lo strumento tace: la tastiera è stata chiuse a chiave. Ma, come un'antenna che diffonde onde nostalgiche, il piano emana ancora l'eleganza della New York di un tempo: smoking, abiti da sera, porta-sigarette, cocktail. Era il pianoforte di Cole Porter. Il compositore si stabilì al Waldorf Towers nel 1934, ma già da tempo, attraverso la sua musica, aveva iniziato a definire New York. Alcune canzoni si ispirano direttamente alla città – *Washington Square, Take Me Back to Manhattan, I Happen to Like New York* –, ma il tono delle sue composizioni pare esprimere soprattutto ciò che la città ha di elegante e romantico: una New York essenziale, senza dettagli.

Fabbricato nel 1907, questo piano a mezza coda in mogano è dotato di gambe in stile Impero e impreziosito di ghirlande e figure reali dipinte a mano. Cole Porter lo donò all'hotel nel 1939, ma lo tenne nella sua suite, incastrato in un altro piano, fino alla sua morte, avvenuta nel 1964. Si può dire che, in un certo modo, lo strumento segnò il destino delle canzoni accompagnate al pianoforte: il compositore raggiunse la gloria mettendo in musica parole intelligenti. Dopo la sua morte, il piano fu trasferito nella Suite reale, un lussuoso appartamento che si estende su tutta la lunghezza dell'isolato della 50th St, all'ultimo piano dell'hotel. In un secondo tempo, fu collocato nel salone di Peacock Alley, dove diffuse, attraverso la hall centrale, una magnifica e classica colonna sonora. Infine fu spostato dove si trova oggi, nel mezzanino, proprio sopra l'entrata principale dell'hotel, in Park Avenue. Ad un certo punto di questo viaggio, fu chiamato il "piano di Cole Porter", e divenne così un pezzo da museo. Per quindici anni, Daryl Sherman, uno dei migliori interpreti della musica di Cole Porter, fece vibrare nel mezzanino le corde del piano. "Non sono io che suono – diceva prima di interpretare *Night and Day* – è il fantasma di Cole Porter seduto su una tavola Ouija". Quando, nel 2007, il Blackstone Group acquistò il Waldorf-Astoria, la signora Sherman fu mandata a casa. Da allora, il piano è spesso chiuso a chiave.

Steinway & Sons propone una copia esatta del pianoforte a mezza coda di Cole Porter, l'High Society.

Nel 2010, era possibile prendere in affitto la suite di Cole Porter al Waldorf Towers (33A) per 140.000 $ al mese.

08.

551 5th Avenue, all'altezza della 45th St
Linea 7 / 5th Avenue
Linea S / Grand Central – 42nd Street

IL FRED F. FRENCH BUILDING

Babilonia sulla 5th Avenue

Molti immobili Art deco di New York ricordano la Mesopotamia. Una moda che si ispirò alle affascinanti scenografie di Intolerance, un film muto di D. W. Griffith (1916). Tuttavia, in seguito ad una legge urbanistica che entrò in vigore nello stesso periodo, alcuni edifici più alti – costruzioni "rientranti" che si innalzano verso il cielo come gigantesche scale – fanno pensare maggiormente alle piramidi dell'età del bronzo. Per constatare gli effetti incontrovertibili del design e della regolamentazione su un capolavoro della Babilonia moderna, bisogna visitare il Fred F. French Building sulla 5th Avenue.

Il primo piano urbanistico degli Stati Uniti entrò in vigore a Manhattan. Questo prevedeva che, dopo una certa altezza, i piani di un edificio dovessero essere rientranti rispetto alla strada, condizione che venne rispettata nella costruzione dei primi immobili. Quando successivamente si passò alle strutture in acciaio, i newyorchesi si chiesero giustamente se i marciapiedi avrebbero ancora visto la luce. Il French Building è un esempio di questa normativa: l'edificio inizia a rientrare a partire dal dodicesimo piano per restringersi sempre di più, fino a che i piani occupano solo il 25% della base. Da questo punto in poi si eleva verso il cielo! Il richiamo al tempio è in parte casuale ma il rivestimento è in puro stile Art deco babilonese. I muri sono di colore ocra profilati di nero; nella parte sommitale, un fregio in ceramica colorata raffigura dei grifoni che fiancheggiano un sole stilizzato.

Ma per apprezzare maggiormente lo stile dell'epoca, bisogna vedere l'entrata. Un radioso omaggio in bronzo alla porta d'Ishtar, la cui decorazione è un "esplicito riferimento a Manhattan come Nuova Babilonia, e al grattacielo come giardino pensile di Nabucodonosor nel deserto" (*New York 1930*; Stern, Gilmartin e Mellins). All'interno, l'atrio, le cui volte sono decorate con animali mitici dorati, conduce a uno dei mezzanini più stupefacenti della città. Lo splendore delle porte laterali in bronzo è esaltato dalle allegorie stilizzate che sembrano essere state direttamente prelevate dalla sala del trono di un re divino.

Il piano urbanistico fu applicato a New York dal 1916 al 1961.

Per un altro esempio dell'architettura babilonese della stessa epoca, s. v. pag. 152.

09.

Grand Central Terminal, 87 East 42nd Street
Dining concourse, di fronte all'Oyster Bar & Restaurant

LA GALLERIA DEI SUSSURRI DI GRAND CENTRAL

Bisbigliare nella confusione

Nella stazione Grand Central Terminal c'è uno spazio dalle proprietà straordinarie: un soffitto a volte spettacolare sotto il quale è possibile sussurrare qualcosa in un angolo e farsi sentire perfettamente da qualcuno che si trova all'angolo opposto, ad una decina di metri. Il fenomeno è davvero sorprendente perché avviene nel baccano – eco, grida e fischi – della più grande stazione ferroviaria del mondo.

Molti edifici negli Stati Uniti e all'estero sono dotati di quella particolarità architettonica che produce l'effetto della galleria dei sussurri: sono necessari un'elissoide ininterrotta e dei punti di convergenza direttamente opposti. La galleria dei sussurri di Grand Central si trova esattamente di fronte all'Oyster Bar & Restaurant al cui interno, sotto la struttura a volte piastrellate, il personale e la clientela continuano a scoprire dei punti in cui l'acustica è particolarmente buona. Per ottenere l'effetto migliore, parlate davanti al muro, il più possibile vicino alla parete. Accertatevi che il vostro compagno sia nell'angolo diagonalmente opposto. Si dice che sotto la volta il suono sia "telegrafato" e l'espressione è pertinente, la voce che giunge all'orecchio ha una qualità spettrale ed eterea, come trasmessa da un'arcaica tecnologia.

Altra particolarità delle gallerie dei sussurri: sono spesso dei veri e propri colpi di fortuna. I soffitti perfettamente ellissoidali ricoperti di piastrelle non sono certamente quelli che dobbiamo al duro lavoro dell'impresario di origine spagnola, Rafael Guastavino. Questi lasciò Barcellona con suo figlio nel 1881 per installarsi a New York; dove brevettò il "Tile Arch System" (ossia il sistema per la volta piastrellata) con raccordi di piastrelle in terracotta. Le piastrelle presentavano vantaggi strutturali: erano ignifughe e potevano essere applicate direttamente sulla malta lungo le volte e gli archi, senza bisogno di ricorrere a supporti provvisori. Utilizzata da molti anni in Catalogna, questa tecnica era sconosciuta negli Stati Uniti. Guastavino e suo figlio depositarono più di venti brevetti e il loro metodo riscosse un tale successo che i fabbricanti di piastrelle non erano più in grado di soddisfare le richieste.

La piastrella Guastavino è una delle caratteristiche dell'architettura newyorchese degli inizi del XX secolo ed è visibile in decine di importanti edifici: la cattedrale St-John the Divine, il Registry Room (Ufficio di stato civile) ad Ellis Island e la Federal Reserve Bank.

VANDERBILT AVENUE 42ND STR

10.

Lexington Avenue, tra la 43rd e la 44th Street
Linee 4, 5, 6, 7 e S / Grand Central – 42nd Street

I RATTI DEL GRAYBAR BUILDING

Ricollocare i ratti mancanti

Spesso erroneamente confuso con un'estensione ad est del Grand Central Terminal, il Graybar Building in Lexington Avenue è un edificio dotato di un'identità propria ed ha una funzione pionieristica. Quando venne realizzata, nel 1927, questa costruzione in mattoni e pietra calcarea, sede della Graybar Electric Company, rappresentava la più grande torre di uffici del mondo. La facciata riprende le geometrie assire che caratterizzano lo stile Art deco degli anni '20 (s.v. pag. 210) e le gigantesche allegorie del Trasporto e della Comunicazione sul lato est le conferiscono un aspetto peculiare. Tuttavia, la caratteristica che rende questo edificio un unicum sono i montanti che sorreggono la tettoia: gli unici ratti architettonici di New York. Passano facilmente inosservati. Furono notati solo nel 1933 quando sul New Yorker apparve questo articolo: "...probabilmente gli architetti avranno pensato che avrebbero dovuto aggiungere all'edificio una decorazione che accennasse al mare". Ed ecco i bassorilievi degli albatri che ornano la facciata. Ma gli architetti Sloan & Robertson crearono anche un geniale parallelo tra i supporti delle tettoie e le gomene che i marinai utilizzano per ormeggiare o rimorchiare le navi. I ratti che zampettano sulla facciata del Graybar sono disturbati dai "comignoli" che impediscono ai veri ratti di imbarcarsi clandestinamente sulle navi in porto. Realizzati in ghisa e stilizzati in segmenti angolari, uno stile moderno per gli anni '20 ma che oggi li fa sembrare tanti piccoli robot, questi ratti pare che stiano per combinare qualcosa. Ma non sono gli unici roditori: ogni supporto in ferro è collegato all'edificio con una rosetta a forma di testa di ratto. Agli inizi, il Graybar era un immobile d'avanguardia. Ospitava gli uffici dei giganti della stampa quali *Condé Nast*, *Vogue* e *Vanity Fair* e delle macchine per scrivere Remington. Con il passare degli anni, l'edificio perse il suo prestigio e, uno a uno, i ratti in ghisa sparirono.

Nel 2000, all'epoca del restauro dell'edificio, tra i progetti tecnici apparve la seguente bizzarra istruzione: "Ricollocare i ratti mancanti".

11.

320 East 43rd Street (accesso all'atrio sulla 42a strada)
fordfoundation.org
Linee 4, 5, 6 e 7 / Grand Central – 42nd Street

L'ATRIO DELLA FORD FOUNDATION

Un pezzo di foresta tropicale sulla 42nd Street

A New York nessun edificio vanta un'area verde così rigogliosa come quella che circonda la Ford Foundation. L'entrata posteriore conduce ad un atrio alto quanto l'edificio stesso: dodici piani di spazio en plein air, delimitati da due muri in vetro. Sul terreno – sarebbe assurdo chiamarlo pavimento – si trovano terrazze di piante tropicali. Varcata la soglia, si è subito avvolti da una folata di ossigeno e di legno bagnato mentre un pensiero attraversa fugace la mente: *non è quello che mi aspettavo di trovare sulla 42nd Street.*

Le piante non provengono tutte dalla giungla. Lal, uno dei giardinieri, sostiene che c'è un "miscuglio di piante tropicali e di piante delle zone temperate". Come esempio di questa zona vi indicherà subito un pino. Quelle tropicali provengono proprio dai tropici: molte di queste Lal le ha viste nella sua Guyana natale. L'atrio pare un pezzo di terra prelevato da una foresta lontana e umida, ma perfettamente curato: passeggiando su sentieri lastricati si giunge ad una fontana dove si gettano delle monetine e si esprime un desiderio. "Le raccogliamo per l'Unicef" assicura Eddie, un custode che lavora alla Fondazione da trent'anni. Il momento più bello della giornata, per lui, è verso le dieci del mattino quando i raggi del sole penetrano obliquamente attraverso le finestre.

L'atrio è impressionante e il progetto che sta alla base di quest'opera è ancora più ambizioso. La Ford Foundation, eredità del costruttore di automobili Henry Ford e di suo figlio Edsel, è un ente caritatevole privato che si occupa dei poveri, di istruzione e di giustizia sociale. Gli architetti Kevin Roche e John Dinkeloo hanno capito che il prerequisito morale di tale organismo era la trasparenza. Roche ha pensato che se gli impiegati della Fondazione potevano guardare attraverso l'atrio e constatare maggiormente la presenza dei colleghi si sarebbero tutti sentiti legati da un comune senso di responsabilità. L'idea potrebbe parere opprimente ma non la sua realizzazione (almeno a occhio nudo). Grazie alle finestre luminose, gli uffici, suddivisi sui vari piani con le travi in acciaio a vista, paiono condividere un medesimo scopo con la florida vegetazione sottostante.

12.

East River all'altezza della 42nd Street

U THANT ISLAND

La più piccola isola di Manhattan, uno Stato sovrano

Al centro dell'East River, all'altezza della 42nd St, c'è un'isoletta coperta di sterpaglie su cui si erge una torre di controllo in metallo per la navigazione. Con una superficie inferiore a mezzo ettaro, U Thant è la più piccola isola di Manhattan, ma la sua storia è interessante. Agli inizi era solo un affioramento di granito chiamato *Man o' War Reef* ("lo scoglio delle navi da guerra") su cui ebbe luogo un'avventura tipicamente newyorchese. Negli anni '30 alcuni adolescenti che tentavano di attraversare a nuoto lo stretto furono costretti dalla corrente a trovare riparo su questo scoglio che la marea minacciava di sommergere. Dall'alto di una torre, un commediografo vide con il cannocchiale l'incidente che si stava verificando: chiamò i soccorsi e i ragazzi, che avevano già l'acqua fino alle ginocchia, furono salvati. Quando fu scavato il primo tunnel Manhattan-Queens sotto lo stretto per realizzare un servizio di tram verso la società Steinway & Sons (s.v. pag. 388), la roccia estratta in seguito allo scavo fu depositata sullo scoglio, che divenne un'isoletta permanente. Fu poi scavato un pozzo di trenta metri per collegare il tunnel dal centro del fiume all'altra sponda. La linea 7 della metropolitana passa attraverso il tunnel sotto l'U Thant Island.

Quando il pozzo fu riempito, l'isola fu dimenticata e divenne rifugio dei cormorani. Nel 1977 una delegazione delle Nazioni Unite, denominata *Peace Meditation*, prese in affitto l'isola dalla città, piantò degli alberi e le diede il nome dell'ex Segretario generale birmano. Per molti anni, gli impiegati di questa delegazione erano gli unici autorizzati a mettervi piede.

Attualmente, l'accesso a U Thant è proibito a tutti. Ma, nell'estate del 2004, ebbe luogo un evento curioso. Durante le elezioni del Presidente del partito repubblicano, l'artista newyorchese Duke Riley raggiunse l'isola a remi alle prime luci dell'alba, issò una bandiera su cui figurava il suo emblema personale – dei gimnoti – e rivendicò la sovranità dell'isola. "Sono attirato da questi ambienti naturali – dichiarò Riley a proposito delle isole di New York – In una delle città più sviluppate del mondo è giusto preservare questi isolotti segreti". Quando i guardacoste espulsero l'artista, non notarono la bandiera che sventolò per giorni sopra la torre di controllo. Come intendeva chiamare la sua minuscola nazione? "In realtà – risponde ridendo – non credo che avessi intenzione di spingermi a tanto".

0
200
400 m
N
Hudson River
Henry Hudson Parkway
Riverside Park
Riverside Drive
Dimaggio Highway
Riverside Boulevard
Freedom Place
West End Ave.
Broadway
Amsterdam Ave.
Colombus Ave.
Manhattan Ave.
Central Park West
UPPER WEST SIDE
WEST SIDE
CENTRAL PARK
103 Street
96 Street
86 Street
79 Street
72 Street
66 Street-Lincoln Center
81 Street-Museum of Natural History
American Museum of Natural History
Lincoln Towers
Lincoln Center
The Pool
97th St. Transverse
86th St. Transverse
65th St. Transverse
The Lake
Strawberry Fields
The Sheep Meadow
Baseball Fields
1
2
3
4
5
6

UPPER WEST SIDE (59TH - 110TH)

01.

Linee 1, 2 / 66th Street – Lincoln Center
Linee 1, A, C, B e D / 59th Street – Columbus

33 WEST 63RD STREET

Un edificio "dimenticato"

Nell'Upper West Side, in fondo a un canyon di torri residenziali in vetro e mattoni, s'intravede un piccolo fabbricato. Il n° 33 della 63rd St. (West) è un edificio di cinque piani, fiancheggiato da pietre tutte disuguali, dalla facciata interrotta a zig-zag da una scala metallica di fuga. Un tempo veniva chiamato *tenement* e faceva parte di una schiera di fabbricati addossati gli uni agli altri: su ogni lato, i muri privi di finestre stanno a testimoniare la demolizione di edifici adiacenti. Ma questo è solo uno dei tanti che sorsero nel quartiere alla fine del XIX secolo e che poi si moltiplicarono con l'arrivo della prima metropolitana nel 1904.

Per quale motivo il n° 33 si è isolato in questo modo? Per dispetto. Il proprietario Jehiel R. Elyachar – "uno gnomo curvo e magrolino", come ebbe a dire di lui un vecchio inquilino – si era a tal punto arricchito nel settore edile e immobiliare (secondo alcuni, la sua fortuna ammontava a 100 milioni di dollari) da dedicarsi allo sport preferito dai ricchi brontoloni: l'avarizia. E per quanto verso la fine della sua vita avesse deciso di fare generose donazioni a favore di diverse cause ebree, americane e israeliane (scuole e residenze per gli anziani), finì col morire nel 1989 citato in giudizio dai suoi stessi figli. Quando il promotore Paul Milstein iniziò ad acquistare le proprietà all'angolo tra Broadway e la 63rd St. per costruirvi una torre di appartamenti, Elyachar accettò inizialmente un primo prezzo, ma poi fece una serie di controproposte così indecenti che Milstein capì un po' alla volta che l'affare sarebbe stato un fiasco e persino una truffa. Finì col rassegnarsi e si fece costruire una torre a forma di *elle*, riuscendo così a girare intorno a quell'edificio, che rimase lì dov'era (e dov'è tuttora).

SAN JUAN HILL: UN INTERO QUARTIERE CANCELLATO DALLA MAPPA

Tra la 65th e la 59th Street, a est di Amsterdam Av., l'Upper West Side era un tempo occupata da una delle comunità afro-americane più consistenti di New York. Stando a un rapporto di un'associazione di alloggi pubblicato nel 1940, questo quartiere, chiamato San Juan Hill, era considerato il più insalubre della città. Quando i tenement vennero demoliti per fare posto al Lincoln Center, si dovette trovare un'altra soluzione abitativa per ben 1500 persone, anche se la demolizione venne ritardata per consentire le riprese di alcune scene di strada del film West Side Story.

02.

135 West 70th Street
Linee 1, 2 e 3 /72nd Street

THE PYTHIAN

La fantastica loggia di un Ordine dimenticato

Sopra l'entrata del Pythian c'è la seguente scritta: "Se l'amore fraterno potesse unire tutti gli uomini, come sarebbe bello il mondo". Difficile non essere d'accordo. Ci si può tuttavia chiedere quale sia il rapporto con gli impassibili faraoni ed i mostri di Babilonia. Questo curioso edificio è opera dell'architetto Thomas W. Lamb che deve la sua fama alla realizzazione di immense sale cinematografiche negli anni 1910 e 1920 (s.v. pag. 328). Con la stessa spregiudicatezza costruì il Pythian, saccheggiando un'accozzaglia di antichità: grifoni che mostrano i denti, pariglie di tori che sorreggono urne gigantesche, maiuscole con aste doppie e geroglifici dorati. Eretto nel 1926, l'edificio fu usato come sede delle logge newyorchesi dei Cavalieri di Pizia.
Quasi sconosciuti oggi, i Cavalieri di Pizia costituirono la prima confraternita americana riconosciuta da una legge del Congresso. Quest'Ordine promuove la carità e la "pace universale" e può annoverare tra i suoi membri tre presidenti americani tra cui F. D. Roosevelt. All'epoca della costruzione del Pythian, le confraternite erano in piena espansione, con 100 logge solo a New York. Il fondatore dell'Ordine si ispirò alla leggenda dei navigatori greci, Damone e Finzia. Finzia era stato condannato a morte dal tiranno di Siracusa e Damone accettò coraggiosamente di sostituire l'amico per lasciargli il tempo di rientrare in patria a riordinare i suoi affari, con l'accordo che se Finzia non fosse rientrato, Damone sarebbe stato condannato al suo posto. Finzia arrivò di corsa, proprio mentre la scure stava cadendo sul collo di Damone. Il tiranno, impressionato da una tale lealtà, liberò i due uomini che divennero il simbolo dell'amicizia generosa.
I mattoni che decorano il Pythian sono tra i più strani e i più bizzarramente colorati della città, ma sono rari i newyorchesi che lo abbiano visto. Da molto tempo ormai non è più possibile visitare la hall in pietra levigata, il teatro o una delle numerose sale: nel 1983 il Pythian è stato diviso in appartamenti.

Nonostante non abbiano più sede più in questo edificio, i Cavalieri di Pizia non sono per nulla scomparsi: hanno più di 2.000 logge nel mondo.

Quando il numero di membri dell'Ordine diminuì, i Cavalieri di Pizia cedettero in affitto una parte dell'edificio agli studi di registrazione Decca. Fu proprio qui che, nel 1954, Bill Haley e le sue «Comets» registrarono l'indimenticabile successo: Rock Around the Clock.

IF FRATERNAL LOVE
HELD ALL MEN BOUND
HOW BEAUTIFUL
THIS WORLD WOULD
The Pythian

03.

256 West 71st Street
nycgovparks.org/parks/M282
Linee 1, 2 e 3 / 72nd Street

SEPTUAGESIMO UNO PARK

Il parco più piccolo nei cinque quartieri

Central Park è indubbiamente il parco più grande di Manhattan. Per dare un'idea della sua ampiezza, basta ricordare che nel 1999 alcuni ricercatori hanno scoperto, sotto un tappeto di foglie, una specie di millepiedi completamente sconosciuto agli entomologi. Se preferite spazi più intimi, risalite di tre isolati verso ovest sulla 71st fino a Septuagesimo Uno. Ci si mette meno a traversarlo che a pronunciarne il nome (che significa "settantuno"): con i suoi 200 m2 è il parco più piccolo di New York.

La storia di questo curioso giardino in miniatura riflette l'essenza stessa del piano urbanistico di Manhattan. Nel 1811, quando la parte settentrionale dell'isola era ancora disseminata di fattorie, il sindaco, DeWitt Clinton, attuò il suo lungimirante Commissioners' Plan*, dividendo l'isola sopra la 14th St in una griglia di viali (*avenue*) lungo la direttrice nord-sud e di strade (*street*) sull'asse est-ovest, che oggi diamo per scontata. Malgrado la realizzazione di giardini pubblici (sulla 53rd, 66th, 77th, e 120th Street), a partire dal 1960, l'aumento della popolazione e la costruzione di nuovi immobili iniziò a mettere in pericolo la salute mentale del newyorchese medio.

La situazione migliorò sensibilmente grazie al progetto dei Vest Pocket Park (i parchi tascabili) di John Lindsay, il sindaco dell'epoca. L'iniziativa aveva lo scopo di valorizzare le porzioni di terreno vuoto tra gli edifici, già allora uno a ridosso dell'altro. Septuagesimo Uno occupa quindi lo spazio di un immobile. Forse è l'unico parco a New York ad avere un indirizzo – 256 West 71st Street – ossia l'indirizzo di una casa che nel 1969 fu murata e il cui spazio esiguo è oggi occupato dal parco. Quando i cancelli sono chiusi, la vista è sbarrata dai pannelli della *City of New York Parks & Recreation*. Il regolamento fa sorridere: "Divieto di organizzare spettacoli o riunioni senza autorizzazione" (dove?), "Divieto di bloccare l'accesso al parco" (ve n'è uno solo e se state leggendo il pannello, lo bloccate). Con le sue panchine in legno, le minuscole aiuole ed il suo unico albero, Septuagesimo potrà ospitare solo voi ed un amico, oppure voi ed un libro. Ma di che altro si può mai avere bisogno?

**N.d.T. Il Commissioner's Plan fu adottato nel 1811 per realizzare la lottizzazione di Manhattan tra la 14th Street e Washington Heights. Sulla base di questo piano si sviluppò la griglia urbanistica che conosciamo.*

04.

368 West End Avenue
westendchurch.org
Linee 1 e 2 / 79th Street

LE MACINE DELLA COLLEGIATE REFORMED PROTESTANT DUTCH CHURCH

Le più antiche vestigia della colonia newyorchese

All'estremità ovest della 77th Street c'è una chiesa in mattoni in stile fiammingo. All'interno, davanti alla cappella principale sono state collocate, una sopra l'altra, tre grosse pietre rotonde con un foro al centro, tenute insieme da un ferro. Starebbero forse meglio in una stalla ma, dal punto di vista storico, sono pezzi unici: si tratta di macine e indubbiamente le più antiche vestigia della colonia newyorchese.

La West End Collegiate Church non fa nulla per pubblicizzarle perché, come istituzione, non ha nulla da dimostrare. Fondata nel 1696, per decreto della monarchia britannica, questa chiesa è la più vecchia congregazione degli Stati Uniti. Le macine non fanno solo parte di un'eccentrica collezione di materiale coloniale, esse evocano la fondazione stessa della chiesa.

I colonizzatori olandesi si stabilirono a New York, che chiamarono Nuova Amsterdam, nel 1624. Vi è una traccia, del 1626, di un certo François Molemaecker, "impiegato alla costruzione di un mulino azionato da cavalli, con una stanza spaziosa al primo piano, ad uso dei fedeli". Del mulino, che si trovava in Mill Lane (*mill*: mulino), rimane un pezzo lungo un isolato, tra Stone Street e William Street. Alle messe assistevano degli indiani divertiti che riempivano il fienile con il fumo delle loro pipe e delle loro risate con cui intendevano punzecchiare il pignolo pastore Jonas Michaelius. "Per quel che riguarda gli indigeni – scriveva – li trovo selvaggi e bizzarri, estranei ad ogni forma di decenza, volgari e con un cervello da gallina, inclini ad ogni sorta di cattiveria e blasfemia ..." Ma, come tutti i primi cronisti, rimase colpito dalla bellezza e dalla naturale ricchezza della Manhattan primordiale.

Queste macine sono più vecchie di New York o di qualsiasi altra città americana. Provengono da una cava in Belgio e furono portate qui dai primi colonizzatori. La congregazione si riunì nel mulino fino al 1633, anno in cui preferì un semplice edificio di Broad Street (scomparso da lungo tempo).

A questo indirizzo si insediò successivamente la "Shearith Israël", la prima congregazione ebraica newyorchese. Prima di stabilirsi sulla 70th Street, la comunità ebraica disseppellì le vecchie pietre, ne conservò due (nella sinagoga) e ne donò quattro alla Collegiate Church. Una di queste è inserita nel muro del passaggio della Collegiate School, di lato. Le altre tre sono rimaste nel nartece della chiesa.

05.

Riverside Drive all'altezza della 93rd Street
Linee 1, 2 e 3 / 96th Street

JOAN OF ARC ISLAND

La Pucelle d'Orléans a Manhattan

C'è un luogo a New York dal nome seducente: *Joan of Arc Island* ("l'Isola di Giovanna d'Arco"). Lungi dall'essere un santuario nascosto nel bosco dove alcune fanciulle armate di spada vagano capelli al vento, il luogo è in realtà un'isola pedonale, uno spazio urbano circoscritto da un cordolo, al cui centro si erge la statua equestre di Giovanna d'Arco. Perfettamente in asse con la 93th Street, Giovanna ha lo sguardo rivolto al cielo. Le statue rappresentanti figure femminili sono frequenti a New York, ma si tratta soprattutto di personaggi mitologici o allegorici: quella di Giovanna d'Arco fu la prima ad ispirarsi ad una donna reale. Si tratta anche dell'unica statua di donna a cavallo, come capita spesso quando si tratta di Giovanna d'Arco. Anna Hyatt Huntington, la scultrice, era figlia di un professore di zoologia e un'abile artista animalista. Stabilitasi a Parigi per migliorare la sua tecnica, fu catturata dal fascino della fanciulla guerriera. Decisa a realizzare un'opera in onore di Giovanna, si mise a visitare tutti i luoghi collegati ai momenti fondamentali della vita della pastorella lorenese. Reims possedeva all'epoca una statua di Giovanna d'Arco, opera dello scultore Paul Dubois (una copia a Parigi), che, come quella di A. H. Huntington, ha lo sguardo rivolto verso il cielo. L'artista americana, però, pone maggiormente l'accento sulla spada. "Quando [Giovanna] partì in battaglia – afferma – sollevò inconsciamente la spada verso il cielo affinché il Signore la benedicesse. Questo è ciò che esprime la mia statua". Nel 1910, l'artista presentò il modello in gesso, a grandezza naturale, al Salon de Paris dove ricevette una buona menzione ed uno sbalordimento sessista. Ma la cosa più importante fu che l'opera piacque ad un comitato newyorchese che intendeva realizzare un monumento che celebrasse i 500 anni della nascita della santa. La statua fu inaugurata nella 93rd Street solo tre anni dopo nel 1915: questo ritardo fornì all'opera un dettaglio che la rende unica.

Il piedistallo è composto da pietre che appartenevano a una torre di Rouen in cui Giovanna fu imprigionata, e frammenti della cattedrale di Reims dove Carlo VII fu incoronato grazie al suo aiuto. Le pietre dei grandi monumenti storici francesi furono, ahimè, disponibili solo nel 1915 perché i tedeschi, un anno prima, avevano iniziato a bombardare il paese.

ALTRI FRAMMENTI DELLA CATTEDRALE BOMBARDATA DI REIMS

Anche la chiesa del Corpus Christi, tra la 121st Street (West) e Broadway, possiede dei frammenti della cattedrale bombardata di Reims: alcuni pezzi delle vetrate dell'abside.

06.

319 West 107th Street
roerich.org
Linea 1 / 110th Street

IL NICHOLAS ROERICH MUSEUM

La casa di città di un mistico

Il *brownstone* di 319 West 107th è un omaggio a tre piani al pittore mistico russo Nicholas Roerich. Sulla porta d'entrata si notano solamente una modesta targhetta ed un campanello. Nel vestibolo forse non ci sarà nessuno ad accogliere il visitatore. Forse si sentiranno le note di un pianoforte al secondo piano o si incontrerà qualcuno che scende silenziosamente le scale di legno; è comunque più probabile che non ci sia nessuno.

Il museo è particolarmente intimo. Tale è il desiderio del direttore, Daniel Entin ("Fate ciò che volete. Rimanete quanto vi pare"), un gentleman discreto, con la barba bianca ed occhi brillanti che tradiscono risorse nascoste. Abita al piano terra del museo che dirige da trent'anni. Se amate chiacchierare, verrete accompagnati e fatti sedere in cucina. Il direttore racconterà tutto ciò che sa di Nicholas Roerich, ossia tutto. Non vi chiederà il motivo per cui siete venuti a visitare il museo. "Solo un certo tipo di persone è sensibile alla pittura di Roerich – afferma – Vi è qualcosa in essa che cattura le persone che ne rimangono conquistate. Gli altri se ne infischiano". Il direttore pare essere a suo agio con entrambi.

Nel museo sono esposte 200 opere di Roerich, ma il fatto che sia un grande pittore non ha nulla a che vedere con il museo che è più un centro spirituale che una collezione di opere d'arte. Nel 1919 Nicholas Roerich s'interessò alla filosofia orientale quando contribuì alla realizzazione del primo tempio tibetano al di fuori dell'Asia, a San Pietroburgo. La sua vita si sviluppò quindi intorno a questi due centri d'interesse sovrapposti: il buddismo e l'unità degli uomini realizzata tramite l'arte. Aveva già degli adepti in Russia quando la rivoluzione lo costrinse all'esilio negli Stati Uniti. Dopo aver occupato diversi edifici, sempre alla ricerca di spazio, fece erigere un vasto complesso all'angolo tra Riverside e West 103rd, con scuole per tutti i campi dell'arte, residenze per insegnanti e studenti e spazi espositivi. L'immobile è ancora in piedi, ma la scuola è sparita in seguito alla grande crisi del 1929. Poco dopo la morte dell'artista, avvenuta nel 1947, non lontano da questo luogo, sulla West 107th Street venne fondato il Nicholas Roerich Museum.

Le pitture che ricoprono i muri di questo elegante brownstone sono allegorie dai colori sgargianti e paesaggi che illustrano le spedizioni di Roerich in Tibet. Gli ammiratori vengono da paesi lontani, alla ricerca di un legame spirituale, ma Entin è più commosso dai visitatori casuali. "Molti di loro restano solo un paio di minuti. Poi, improvvisamente, ne arriva uno che scoppia in lacrime".

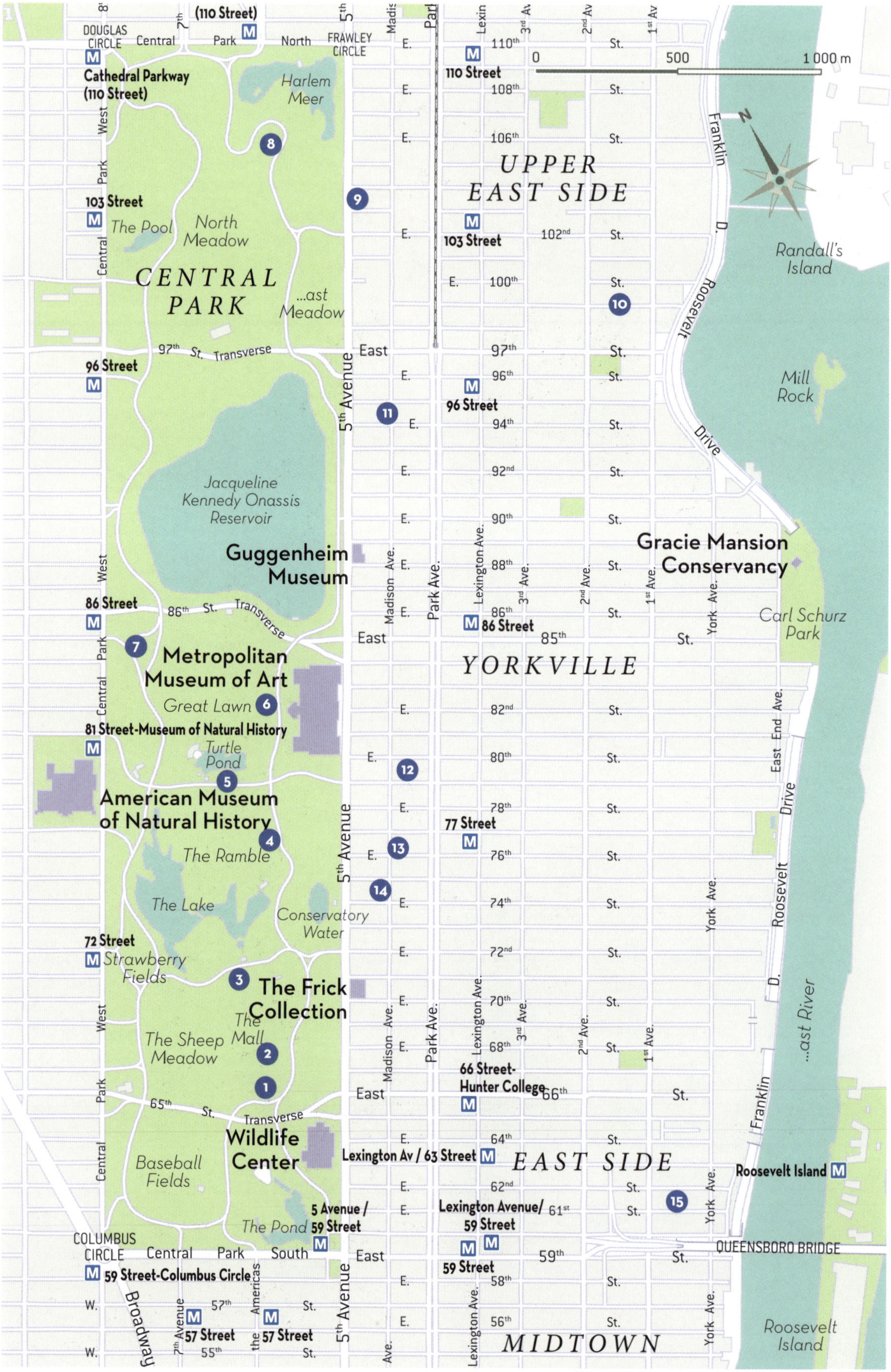

UPPER EAST SIDE
CENTRAL PARK
YORKVILLE
EAST SIDE
MIDTOWN
Harlem Meer
The Pool
North Meadow
...ast Meadow
Jacqueline Kennedy Onassis Reservoir
Guggenheim Museum
Metropolitan Museum of Art
Great Lawn
Turtle Pond
American Museum of Natural History
The Ramble
The Lake
Conservatory Water
Strawberry Fields
The Frick Collection
The Mall
The Sheep Meadow
Wildlife Center
Baseball Fields
The Pond
Gracie Mansion Conservancy
Carl Schurz Park
Randall's Island
Mill Rock
Roosevelt Island
...ast River
QUEENSBORO BRIDGE
DOUGLAS CIRCLE
FRAWLEY CIRCLE
COLUMBUS CIRCLE
Central Park North
Central Park South
Central Park West
97th St. Transverse
86th St. Transverse
65th St. Transverse
Franklin D. Roosevelt Drive
East End Ave.
5th Avenue
Madison Ave.
Park Ave.
Lexington Ave.
3rd Ave.
2nd Ave.
1st Ave.
York Ave.
Broadway
Cathedral Parkway (110 Street)
(110 Street)
103 Street
96 Street
86 Street
81 Street-Museum of Natural History
72 Street
59 Street-Columbus Circle
57 Street
5 Avenue / 59 Street
110 Street
77 Street
66 Street-Hunter College
Lexington Av / 63 Street
Lexington Avenue/ 59 Street
59 Street
Roosevelt Island
0
500
1 000 m

UPPER EAST SIDE E CENTRAL PARK

01.

Central Park
La statua di Shakespeare si trova in cima al Mall
(dove East Drive incontra Center Drive, all'altezza della 66th St)
L'Indian Hunter è a un centinaio di metri ad ovest
(verso Sheep Meadow)

CERVELLI FINI CONTRO CERVELLI PICCOLI A CENTRAL PARK

Shakespeare contro l'Indiano

All'entrata del Mall, a Central Park, ci sono due statue – Shakespeare e un Indiano – che rappresentano appropriatamente una delle nozioni più strampalate della storia. Nel XIX secolo, a New York, la frenologia, la "scienza" che determina il carattere e la personalità di un individuo in funzione della forma del cranio, godeva di un enorme successo. Sfruttando questa teoria, due intraprendenti ciarlatani, i fratelli Fowler, il cui ufficio si trovava in Nassau Street, si arricchirono fornendo consulenze, organizzando corsi e pubblicando di libri e riviste. Tra i loro adepti figuravano Edgar Allan Poe e Walt Whitman (forse perché i due fratelli gli avevano detto che la forma bitorzoluta del suo cranio era indice di un "bernoccolo" per la voluttà). William Cullen Bryant, che all'epoca era l'uomo più influente di New York, teneva in tale considerazione la frenologia tanto da farne il fulcro del suo discorso di inaugurazione della statua di Shakespeare di John Quincy Adams Ward, nella primavera del 1872. "Consultate i frenologi di oggi – dichiarò Bryant alla folla che ammirava il nuovo Shakespeare in bronzo – Vi mostreranno i segni visibili della sua sconfinata invenzione, della sua compassione universale, dei suoi nobili ideali, del suo spirito, del suo umorismo ..." *Segni visibili*. Bryant, da cui prese il nome Bryant Park, era poeta, capo redattore, editore e patrocinatore generale del bene pubblico. Il fatto che quest'uomo rispettabile e colto abbia potuto credere che il genio di Shakespeare fosse scritto nella "nobile espressione del suo volto" mostra a che punto questa pseudoscienza fosse ben ancorata nella società. Mentre Bryant teneva questo discorso, a poche centinaia di passi, verso ovest, un'altra statua, dello stesso Ward, se ne stava rannicchiata, quasi a nascondersi: l'*Indian Hunter*. Per quest'opera, l'artista si ispirò ad alcuni disegni realizzati nel sud Dakota e fu molto elogiato per la precisione con cui aveva disegnato dei "tipi di fisionomia autoctona". Il contrasto con la testa liscia di Shakespeare, a forma d'uovo, non poteva essere più evidente. La fronte dell'Indiano è così bassa che pare abbia un cespuglio come copricapo. Al giorno d'oggi è poco probabile che esaminiamo la fronte di una persona per saggiarne l'intelligenza, ma la frenologia perdura nel linguaggio. Se osservate le due statue, troverete l'origine dei termini inglesi *high brow* (fronte alta: cervello fino) e *low brow* (fronte bassa: cervello piccolo).

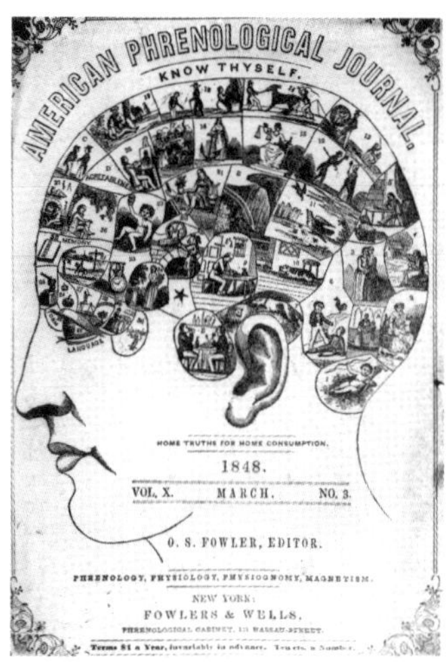

02.

Central Park
The Mall (dall'incrocio di East Drive e Center Drive all'altezza della 66th St, fino a Bethesda Terrace)

GLI OLMI DI CENTRAL PARK

Gli alberi più sorvegliati al mondo

Ci sono più di 25.000 alberi a Central Park, di circa 150 specie diverse. Quelli che affiancano il Mall – l'ampio viale che conduce a Bethesda Terrace – sono olmi americani (Ulmus americana). Il tunnel di fogliame che formano è una delle immagini preferite di New York, stereotipi come quelle dell'Empire State Building o del ponte di Brooklyn, ma questi olmi richiedono cure costanti perché sono continuamente minacciati.

Il Mall è stato progettato come i viali dei parchi geometrici francesi. Questa linea dritta rappresenta un'eccezione nel progetto degli architetti del parco, Frederick Law Olmsted e Calvert Vaux, che prevedeva tornanti e curve sinuose. Fin dagli inizi la specie scelta per il Mall fu l'olmo americano, una preferenza che, secondo l'amministrazione del parco, "caratterizza quasi tutte le strade principali e i campus universitari del paese nel XIX secolo". Il terreno non fu ritenuto adatto alla piantumazione di alberi di grandi dimensioni, tuttavia l'imprenditore, con un gesto che oggi parrebbe di cattivo auspicio, giurò che se gli alberi non fossero sopravvissuti per tre anni, avrebbe rimborsato il suo onorario. Un anno dopo, gli alberi erano quasi tutti morti. Fu quindi deciso di piantare una seconda serie di alberi più piccoli, che resistettero fino agli inizi del XX secolo ma che alla fine morirono, uno dopo l'altro.

La maggior parte degli olmi del Mall risale al 1920. A quell'epoca, un biologo olandese identificò un fungo parassita, la cui diffusione è facilitata dai coleotteri, che venne chiamato la malattia olandese dell'olmo. Questo fungo non tardò ad attraversare l'Atlantico e iniziò la devastazione. Quasi tutti gli olmi di New York furono decimati; è per questo motivo che quelli del Mall di Central Park sono considerati il miglior assortimento di olmi del paese.

Nessuno è più consapevole di Neil Calvanese, vice-presidente e responsabile delle operazioni del Central Park Conservancy. "Si può risolvere il problema dei coleotteri – dichiara – anche quello dei funghi. Ma quello dei funghi trasportati dai coleotteri? È una marchingegno specifico per uccidere gli olmi!". Da quando il Central Park Conservancy ha iniziato ad occuparsi del parco, nel 1998, gli olmi sono diventati una delle priorità. Gli alberi vengono controllati attentamente per individuare eventuali sintomi di malattie, i rami trattati con estrema cura ed alcune piante sradicate per evitare la diffusione di una malattia.

Secondo Calvanese, il costo di questa politica di prevenzione ammonta a milioni di dollari. Gli olmi di Central Park sono probabilmente gli alberi più sorvegliati al mondo.

03.

Central Park
In capo a Bethesda Terrace,
in cima alla scale centrale

LA STREGA DI BETHESDA TERRACE

Vita notturna

È così suggestivo vedere Bethesda Terrace nel suo insieme – la fontana, il lago, le barche e il boschetto – che è forse normale che di primo acchito ci sfuggano alcuni raffinati dettagli. La pietra dell'intera terrazza è ornata di insolite sculture che, secondo i primi critici di Central Park, costituiscono la più ricca collezione degli Stati Uniti: opere astratte, figurative e talvolta un sottile contrasto tra i due stili. Il dettaglio più curioso è una maliziosa composizione che decora uno dei due imponenti pilastri posti in cima alla scalinata: una strega sulla scopa, una zucca di Halloween e una mezzaluna. L'autore di questa scultura è Jacob Wrey Mould, un immigrato inglese con la fama di essere un mago pazzo. Quando, nel 1868, la realizzazione del parco stava per essere portata a termine, la rivista britannica *The Builder* definì l'artista "brillante, dotato, creativo ed eccentrico". Una descrizione azzeccata per un artista che, dopo aver progettato, per la parte inferiore della terrazza, degli arabeschi strappalacrime e una gran quantità di uccelli, completava l'opera con la scultura di una strega. "È un artista che si diletta – osservava Clarence Cook in una delle prime descrizioni del parco – gli è più facile inventare ogni volta un nuovo disegno che copiarne uno fatto precedentemente". Per capire che cosa intendesse il critico, è sufficiente esaminare le decorazioni dei montanti e i medaglioni sulla balaustra. L'effetto dei disegni intrecciati si ispira allo stile islamico, di cui Mould era esperto. Le balaustre, con le piante e gli uccelli svolazzanti, rappresentano le quattro stagioni. Nella parte superiore, sull'altro lato del viale (ribattezzato Olmsted & Vaux Way in onore dei creatori del parco), ci sono due pilastri in pietra: la strega si trova sul lato ovest del pilastro occidentale.

L'ovest è infatti la direzione del tramonto e le scene scolpite raccontano i vari momenti della giornata: sull'altro lato (lato est del pilastro orientale), il tema della strega è rappresentato da un sole nascente sull'oceano. Alcuni sostengono che, utilizzando la strega e la zucca, simboli di Halloween, Mould volesse offendere oppure onorare gli irlandesi che avevano importato la tradizione in città; forse voleva semplicemente divertirsi. Come rappresentare la notte – quando tutto è nero e invisibile? D. H. Lawrence diceva che gli uccelli sono la vita dei cieli; allora la strega è la vita notturna.

04.

Central Park
"Ramble" all'altezza della 76th St; risalire su East Drive dal "Loeb Boathouse", svoltare a sinistra alla pantera in bronzo e fare 50 passi verso ovest

KENTUCKY COFFEE TREES

Lo spuntino dei mastodonti

A Central Park ci sono dei vecchi alberi talmente velenosi che persino gli insetti se ne stanno alla larga! I baccelli coriacei rimangono sospesi ai rami senza che nessuno li tocchi fino all'inverno. Le persone non fanno caso ai semi che cadono a terra, a parte i paleontologi come Carl Mehling, che lavora all'American Museum of Natural History. "Mi chiedo a chi potrebbe interessare", dice raccogliendo da terra una specie di pasta di vetro nera. Conosce la risposta: un mastodonte.

La dispersione dei semi è fondamentale per la sopravvivenza delle piante. Alcuni semi volano su ali filamentose, altri sfruttano la sbadataggine degli scoiattoli e la maggior parte va matta per il concime. In un articolo del 1982, Daniel Janzen, biologo, e Paul Martin, specialista in scienza della terra, sollevarono un dubbio enigmatico: perché i frutti di alcune piante non vengono toccati e hanno gusci troppo duri e semi troppo grossi per essere mangiati dagli animali? Si ipotizzava che le piante, la cui "sindrome da dispersione" era inefficace, non si fossero per nulla evolute. Secondo Janzen e Martin, invece, queste si erano magnificamente sviluppate ma i mastodonti, per la cui alimentazione erano state programmate, si erano estinti da 12.000 anni. Questa teoria è spiegata in The Ghosts of Evolution (Connie Barlow) che colloca l'albero del caffè del Kentucky nella minuscola categoria dei "grandissimi anacronismi": le piante non hanno più posto nell'ecosistema. Fin dalla fine del Pleistocene, per la continuazione della specie, queste contavano sulle inondazioni o sugli animali che le divoravano. Mehling cerca nell'erba un baccello, lo rompe e lo apre: all'interno, alcuni semi scintillano in una sostanza ricca di energia simile a gomma verde. "Energetica come il cioccolato o le banane". È lo spuntino dei mastodonti. "Per fare in modo che questi semi germoglino, – continua Mehling –, bisogna inciderli come avrebbero fatto i denti dei ghiotti mostri del Pleistocene, altrimenti rimangono duri come marmo".

Il fatto che li si trovi a Central Park avvalora la remota presenza dei mastodonti a Manhattan? "All'angolo tra Broadway e Dyckman" precisa Mehling mentre, nella sala dei fossili del museo, mostra un mascellare inferiore della dimensione di un piatto. Sono state trovate decine di fossili di mastodonte a New York, di cui due a Manhattan. "Guardate un attimo questi denti" fa cenno Mehling. Ogni dente ha striature profonde ed é più grosso di un pugno.

05.

Central Park
79th Street Transverse, di fronte al Castello del Belvedere

LA RAMPA SOTTO LA ROCCIA

Un nuovo sguardo su un'impresa

L'illusione della natura "selvaggia" a Central Park ha sempre suscitato ammirazione. Una di queste prodezze urbanistiche è caduta nell'oblio: la gestione del traffico pedonale e automobilistico (e trainato da cavalli) attraverso il parco. Come integrare un blocco di verde di 341 ettari in piena metropoli? Era un problema, specialmente all'altezza del Castello del Belvedere, sul suo promontorio scistoso chiamato Vista Rock. Frederick Law Olmsted e Calvert Vaux probabilmente rivoluzionarono la progettazione di Central Park grazie a una soluzione ispirata: far passare gli assi trasversali sotto il parco. È possibile (ed è consigliabile) attraversare tutto il parco senza notare che le principali arterie della città corrono sotto i nostri piedi. Nel 1860, i primi visitatori furono sbalorditi dalla disposizione del parco: nessuno aveva mai visto il traffico se non sul proprio stesso piano.

Oggi, siamo così abituati alle corsie veloci e alle rampe di accesso in mezzo alla città che un traffico veicolato su più livelli non ha nulla di sorprendente. Ma il parco mostra le sfide tecniche del 1850 da un altro punto di vista. All'altezza di Vista Rock, il sentiero si dirama a destra a 50 metri a est delle rocce, sembra verso il nulla. Prendete il sentiero. Scendete la scala di pietra: sbucherete vicini alla trasversale della 79a strada, dove i veicoli ruggiscono costantemente da est a ovest. Olmsted e Vaux avevano previsto questo traffico, ma immaginavano la rampa piena di "carri di carbone e carne, segatura e sterco". È difficile da credere oggi, ma venire sotto il promontorio per ammirare il tunnel scavato nello scisto era una delle attività preferite dei primi visitatori del parco. Nel 1869, Clarence Cook descrisse il tunnel con sospettosa sfiducia di fronte a tanta novità: "Dopo un esame rigoroso, il soffitto sembra solido". La roccia scavata divenne così popolare che pochi anni dopo la fine dei lavori del parco fu aggiunta la scala per consentire di guardarla più da vicino.

Il tunnel fu scavato con polvere da sparo. La dinamite non esisteva ancora.

12'-0"
11'-0"

06.

Central Park
Sul lato ovest di East Drive all'altezza della 83rd Street, dietro il Metropolitan Museum
nycgovparks.org/parks/centralpark/highlights/11942

LA STATUA IN GRANITO DI ALEXANDER HAMILTON

Un ricordo del grande incendio

Il fuoco ha rappresentato da sempre una minaccia per la città di New York, e in particolar modo prima del 1842, quando venne installato il sistema principale di distribuzione delle acque (s.v. pag. 50). Le ultime vestigia del periodo olandese vennero un po' alla volta cancellate da una serie di eventi calamitosi verificatisi nel XIX secolo e il Grande Incendio del 1835, in un colpo solo, distrusse più immobili di qualsiasi altra calamità che abbia segnato la storia di questa città. A Central Park, la statua di Alexander Hamilton commemora in modo insolito questa sciagura.

Tutto ebbe inizio, in una gelida notte di dicembre, con un'esplosione di gas avvenuta in una merceria sull'attuale Beaver Street. In poco tempo, il vento sibilante propagò le fiamme mentre la gente formava vere catene umane per passarsi i secchi di acqua e i pompieri tentavano di rompere il ghiaccio nei pozzi. L'acqua nei tubi era gelata, e ne uscivano talvolta schegge di ghiaccio taglienti. L'incendio si propagò rapidamente fino all'edificio del Merchants Exchange, in Wall Street. Al suo interno si trovava la prima scultura di marmo mai realizzata negli Stati Uniti: una statua di Alexander Hamilton alta cinque metri, opera dello scultore Robert Ball Hughes. Questo grande monumento, noto per essere la più bella statua del paese, raffigurava Hamilton avvolto in una toga classica, collocato al centro della grande rotonda dell'edificio. Eludendo le fiamme, alcuni marinai si precipitarono dentro per salvare la statua; riuscirono a sollevarla dal piedistallo, ma nel momento stesso in cui tentarono di trasportarla fuori, il pavimento crollò e furono costretti a scappare. "L'artista contemplò la scena sopraffatto dalla disperazione", si lesse più tardi in un resoconto. "E quando l'opera preferita del suo genio, alla cui realizzazione aveva dedicato due lunghi anni di lavoro, crollò sotto le macerie, egli scoppiò in singhiozzi come un bambino".

Un modello ridotto di questa statua è visibile oggi al Museo Civico di New York. Quella in Central Park, opera di Carl Conrad, fu commissionata dall'ultimogenito di Alexander Hamilton, John Church Hamilton. È scolpita nel granito: un materiale utilizzato raramente per le statue pubbliche. Si sostiene che Church abbia scelto questo materiale duraturo perché il monumento dedicato al padre potesse sopravvivere a qualsiasi disastro futuro.

HAMILTON

07.

Central Park
Il villaggio era delimitato dalla 81st e 89th Street e dalle vecchie 7th e 8th Avenue; i resti delle fondamenta sono visibili a circa 500 metri ad est del parco giochi, all'entrata della 85th Street

SENECA

Un villaggio scomparso

In una pagina del *Times* del 9 luglio 1856 si legge che John Humphries è stato arrestato per aggressione (due pugnalate); un nuovo camion dei vigili del fuoco è stato sperimentato in Franklin Street; il signor George Armstrong è annegato andando a pesca e che prima della fine del mese, un'intera comunità dovrà lasciare l'intero settore ad ovest del vecchio serbatoio. "Entro i confini di Central Park – precisa l'articolo – c'è un piccolo insediamento noto come *Nigger Village* [il "villaggio dei Negri"]. Ci auguriamo che si provveda a ridare loro un'abitazione nelle migliori condizioni possibili".
Del villaggio, chiamato *Seneca*, non rimane che una traccia: la pietra angolare delle fondamenta all'altezza della 85th Street, sul sentiero che porta al parco giochi. A detta di tutti, Seneca era un luogo eccezionale. Anche l'articolo del *Times* sottolinea il "piacevole contrasto" con le povere baracche degli Irlandesi ("che vivono con maiali e capre") più a sud. Fondato nel 1825, il villaggio aveva tre chiese, alcune case in legno, una sorgente naturale, scuole e più di 260 abitanti, la maggior parte afro-americani. Non un ghetto, ma un rifugio agreste, lontano dal caos, dalle malattie e dal bigottismo di Manhattan. Un luogo in cui i residenti di colore avevano a disposizione ciò di cui, per legge, avevano bisogno per votare: la loro terra.
Nel 1853, la Città votò un disegno di legge con cui si autorizzava lo sgombero della zona di Manhattan che sarebbe diventata Central Park. I proprietari di un terreno furono indennizzati e il villaggio di Seneca fu raso al suolo. Durante l'estate del 2011, un gruppo di archeologi effettuò degli scavi nella zona e scoprì stoviglie, utensili da cucina e una scarpa da bambino. Ashley Anderson, un'insegnante che prese parte agli scavi, trovò una fibbia di cintura. "C'erano altri villaggi inizialmente afro-americani – afferma – e questa comunità, appartenente soprattutto alla classe media, si sviluppava. Era enorme". L'insegnante rivela anche un dettaglio: la pietra angolare delle fondamenta, l'unica presunta traccia fisica di Seneca, non appartiene, come si suppone comunemente, a una chiesa, bensì ad una costruzione eretta successivamente nello stesso punto. In altri termini, quel che resta di Seneca è un'eco dell'architettura, tralasciando quel che è ancora nascosto sottoterra. E che fine ha fatto questa prima comunità afro-americana? Anderson scuote il capo. Nessuno è riuscito a scoprirlo.

08.

Central Park
Da East Drive, girare all'altezza di Central Park Driveway (in corrispondenza della 104th St.), poi prendere il primo sentiero verso nord e percorrerlo per circa 500 metri
nycgovparks.org/parks/central-park/monuments/638

IL MONUMENTO A ANDREW HASWELL GREEN

"Il padre della Grande New York"

L'1 gennaio 1898, i newyorchesi si svegliarono in una città le cui dimensioni erano quasi raddoppiate: tre milioni e mezzo di abitanti, la seconda metropoli del mondo dopo Londra. Era il risultato dell'unificazione dei *boroughs* – Manhattan, Bronx, Queens, Brooklyn e Staten Island – un progetto concepito da Andrew Haswell Green. Eppure l'unico monumento che gli è stato dedicato è una grande panchina di marmo, collocata all'estremità nord di Central Park, al limitare di una piccola radura in cima a una collina. La creazione dei confini della metropoli gli valse il soprannome di "Padre della Grande New York", un motivo più che sufficiente per commemorarlo. L'influenza di quest'uomo si spinse però oltre. Nel 1895, Green fondò l'*American Scenic and Historic Preservation Society* (Società americana per la tutela del panorama artistico), il cui obiettivo era la protezione degli spazi verdi. All'epoca della realizzazione di Central Park, egli faceva parte della Commissione del parco e si adoperò affinché venisse rispettato lo straordinario piano urbanistico concepito dal paesaggista Frederick Law Olmsted e dall'architetto Calvert Vaux. Ebbe un ruolo fondamentale anche nella creazione della *New York Public Library* e senza di lui non sarebbe mai nata l'idea del prestito bibliotecario di libri.

Per accedere alla panchina di marmo, all'estremità nord del parco, s'imbocca uno stretto sentiero che anche i frequentatori abituali del parco stentano talvolta a trovare. D'estate, l'erba è gialla; d'inverno nessuno spala la neve. Ci sono rifiuti ovunque. Isolato, circondato da alberi, c'è un banco in pietra, ampio e liscio; ci manca solo una targa del tipo I VAGABONDI SONO BENVENUTI.

Green meritava qualcosa di meglio, certo; eppure questo monumento è persino decoroso rispetto alla fine che ha fatto. "Assassinato Andrew H. Green" titolava la prima pagina del *Times* il 14 novembre 1903. Green, che a quell'epoca aveva ottantatré anni, appena uscito dall'ufficio, venne inseguito da un certo Cornelius Williams che quando gli fu vicino, sulla 40th St., lo freddò con cinque colpi di pistola. "Ha avuto quel che si merita! – dichiarò lo stesso Williams – Mi ci ha portato lui a questo!". Si scoprì in seguito non solo che Green non aveva fatto nulla di male, ma che i due non si erano neppure mai incontrati. L'omicida Cornelius Williams era un malato di mente.

IN HONOR OF ANDREW HASWELL GREEN
DIRECTING GENIUS OF CENTRAL PARK IN ITS FORMATIVE PERIOD
FATHER OF GREATER NEW YORK THIS EMINENCE WAS NAMED ANDREW H. GREEN HILL
THESE FIVE SYMBOLICAL TREES WERE PLANTED AND THIS SEAT WAS ERECTED

09.

Museum of the City of New York
1220 5th Avenue
mcny.org
Linee 4 e 6 / 103rd Street

LE PITTURE DELLA CASA DELLE BAMBOLE DELLE STETTHEIMER

Una piccola, indimenticabile collezione

Sul muro della sala da ballo delle Stettheimer è appesa una splendida versione del dipinto *Nu descendant un escalier* di Marcel Duchamp. Per apprezzarla meglio è necessario accedere alla sala attraverso la porta nord e proseguire verso destra.

È una delle numerose opere visibili in una delle più improbabili collezioni d'arte di New York, la casa delle bambole delle Stettheimer i cui quadri e disegni, raramente più grandi di un francobollo, non sono riproduzioni ma *vere e proprie* opere d'arte, eseguite da artisti famosi. Le Stettheimer – Carrie, che realizzò la casa delle bambole, e le sue sorelle Ettie e Florine – erano figlie di un ricco banchiere tedesco che le aveva abbandonate quando erano ancora bambine. Dopo aver attraversato l'Europa, le sorelle e la madre andarono a vivere a New York nella lussuosa Alwyn Court, sulla West 58th Street. Le Stettheimer erano provocatoriamente "moderne": fumavano sigarette, disprezzavano l'amore, il matrimonio e i bambini e avevano una passione teatrale per parrucche vistose, collier di diamanti e costumi alla veneziana. Il loro appartamento divenne un salotto celebre tra gli artisti e gli intellettuali dell'avanguardia newyorchese. Florine, la pittrice, era la forza trainante; Ettie, scrittrice, brillava nella conversazione; Carrie, miniaturista, era la padrona di casa. Aveva quasi 50 anni quando iniziò la realizzazione della casa delle bambole, per cui costruì a mano una gran parte dei piccoli, dettagliatissimi mobili. Molti dei celebri artisti che frequentavano il salotto offrirono le minuscole pitture. La sala da ballo in modo particolare ospita opere di Duchamp, Albert Gleizes e Alexander Archipenko, oltre a due disegni ed una statua in alabastro di 15 cm di Gaston Lachaise.

Dopo la morte di Carrie avvenuta nel 1945, Ettie donò la casa delle bambole al museo. Secondo quanto raccontava Florine Stettheimer, Carrie adorava questa casa (a cui si dedicò minuziosamente per trent'anni) perché la consolava della sua frustrazione di non essere potuta diventare scenografa cinematografica. Forse il lettore dirà che l'intero salotto bohémien delle Stettheimer era per le tre sorelle una consolazione della loro incapacità di crescere. In ogni caso, il solo dipinto *Nu descendant un escalier* vale la visita.

10.

The Garbage Museum
343 East 99th Street
Linea 6 / 96th Street

IL MUSEO DEI RIFIUTI

"Perché qualcuno lo ha buttato via?"

Quell'album dei più grandi successi di Billy Joel che per qualche ragione avete buttato via nel 1995 sopravvive da qualche parte. Potrebbe trovarsi a galleggiare nell'oceano, o sotto 20 metri di terreno in decomposizione in una discarica, o essere cenere al vento. O, se è stato fortunato, potrebbe trovarsi in una cassetta pulita, insieme ad altri oggetti buttati via, in un deposito del Dipartimento della Nettezza Urbana, sulla 99th Street: una delle migliaia di "opere" esposte al Museo dei Rifiuti.

Il museo non è riconosciuto ufficialmente, e non lo troverete in nessuna guida della città. Ciò che raccoglie non è neanche destinato al pubblico. Si tratta di un'ampia serie di oggetti che un collezionista di spazzatura ha raccolto durante i suoi giri di ronda e che lo hanno portato a porsi una domanda, che è venuta in mente a tutti in città, prima o poi: "Perché qualcuno l'ha buttato via?" Il vecchio deposito è una riserva degli oggetti recuperati, e i curatori sono gli operai che combattono le maree di miscellanea eliminata, che altrimenti ci sotterrerebbe. Loro sono gli arbitri supremi del valore a New York, e di tanto in tanto salvano qualcosa. È quasi una sorta di potere di sopravvivenza. Giocattoli dimenticati, tecnologia antiquata, poster in cornici economiche, dipinti di artisti senza alcun talento evidente, orologi a cucù silenziosi, trofei di bowling da secondo classificato. Molti degli oggetti rientrano nella categoria molto ampia del "in buono stato": vecchi libri e album, utensili da cucina e attrezzatura sportiva. Altri sono un vero mistero, come un cane vero, enorme, muscoloso, imbalsamato come un trofeo di caccia.

Come per la maggior parte delle grandi cose, l'esistenza del Museo dei Rifiuti è dovuta all'eccentricità di un uomo, Nelson Molina. Operaio della nettezza urbana dal 1981, ha cominciato con il raccogliere oggetti dalla strada per decorare il suo spogliatoio. Lentamente la collezione si è ampliata, man mano che altri operai aggiungevano i propri oggetti recuperati. "Non importa di che cosa si tratta" ha detto Molina al Times. "Se mi piace, posso appenderlo oppure gli trovo un posto".

Ciò che contiene il Museo dei Rifiuti magari non è ciò che scegliereste voi, e questo è il suo bello. Anche se non verreste probabilmente cacciati fuori ("Non sta a me dirvi dove potete andare e dove no," dice uno degli operai sul marciapiede appena fuori), non saranno certo molto accoglienti. Questa gente ha creato un'esposizione del nostro senso del valore collettivo: è fatto da noi, ma non per noi.

34

11.

Madison Avenue, tra la 94th e la 95th Street
Linee 4 e 6 / 96th Street

SQUADRON A ARMORY

Il castello di Madison Avenue

Il turista che visita per la prima volta l'Upper East Side sarà molto felice di scoprire, in Madison Avenue, un edificio che pare un castello medievale. Sulla strada si affacciano due torri in mattone rosso e una serie di torrette, feritoie per il lancio delle frecce e mura merlate. Oggi, la fortezza è occupata da una scuola. Sbirciando attraverso una fessura del portone, al posto del ponte levatoio che ci si aspetterebbe di vedere, c'è un parco giochi pieno di bambini che si divertono.

Un tempo era la sede di Squadron A ("lo squadrone A"), gli "Ussari newyorchesi ", un club riservato all'elite che, nel cortile interno, organizzava esercitazioni militari. L'edificio risale al 1894. Lo squadrone, che all'origine era un gruppo sportivo o d'apparato, divenne nel 1889 un'unità della *New York State National Guard* e prese parte alla guerra ispano-americana e alle due Guerre Mondiali. Al muro è appesa una targa di bronzo con il motto: *BOUTEZ EN AVANT* (Carica!).

Il castello è stato definito di stile "feudale normanno", ma potrebbe anche essere in stile Camelot. Periodicamente, l'edera si arrampica sugli spigoli dei muri, come fosse l'opera di un meticoloso decoratore. Sempre che si riesca ad apprezzare l'assurdità di un castello feudale visto dal finestrino di un taxi newyorchese, è probabile che lo si apprezzi ancora di più dopo aver saputo che le torrette, le torri e tutto il resto hanno rischiato la demolizione. Quando lo Squadron A Armory fu trasformato in una scuola, c'era l'idea di sostituire le torri con costruzioni postmoderne alte 16 piani. Ma la città, ancora sotto shock per la distruzione della Penn Station (s.v. pag. 126), nel 1966 pose l'edificio sotto tutela.

CENTRO CULTURALE ISLAMICO

A tre blocchi di distanza dallo Squadron A Armory, verso est, c'è un immobile che occupa la famigerata griglia di Manhattan, senza alcuna deroga. La maggior parte delle moschee newyorchesi ritengono che la Mecca stia semplicemente ad Est. Come abbiamo detto altrove (s.v. 102, 130 e 164), la griglia urbana è inclinata in modo tale da coincidere con l'isola. Gli architetti dell'Islamic Cultural Center of New York, al 1711 della 3rd Av., tuttavia, hanno risolto ogni dubbio sulla vera direzione della prima città santa dell'Islam, orientando la loro moschea in base all'asse geodesico – la linea più corta tra due punti di una sfera. Sulla piantina sembra di traverso, ma è islamicamente perfetto.

12.

52 East 80th Street
Linee 4, 5 e 6 / 77th o 86th Street

LA TESTA DEL TEATRO ZIEGFELD

Quel che resta di un teatro leggendario

Forse perché in genere associamo la statuaria all'antichità, ci rattrista lo spettacolo delle sculture, provenienti da immobili demoliti, gettate nella spazzatura. Uno spettacolo deplorevole, frequente a New York più che in qualsiasi altra città americana. Il movimento per la conservazione degli edifici storici è nato, in parte, in seguito alla scoperta fatta da un fotografo di un angelo di pietra della Penn Station, demolita poco tempo prima (s.v. pag. 126), in una discarica del New Jersey. Quando, due anni dopo, il leggendario teatro Ziegfeld fu venduto per essere raso al suolo, i newyorchesi cercarono di opporsi ma la commissione per la salvaguardia dei monumenti storici, impotente, non riuscì ad impedirne la demolizione. Tutto quello che resta del teatro si trova nella 80th Street, dietro un'inferriata, davanti all'entrata di uno scantinato e, ironia della sorte, accanto ai rifiuti.
Progettato dall'architetto e decoratore viennese Joseph Urban, il teatro Ziegfeld fu concepito per "traghettare" gli spettatori in un altro mondo. "A differenza del comune mortale, che vede l'arte nei termini banali del suo ambiente – scrisse il *Times* per l'inaugurazione avvenuta nel 1927 – Urban ha voluto dipingere quanto c'è di più tangibile, i sogni". L'interno del teatro aveva la forma di un uovo, con i muri concavi intorno al palco; all'esterno, un proscenio modernista in pietra calcarea era fiancheggiato da gigantesche colonne le cui scanalature ricordavano le pieghe di una tenda. Di notte, la facciata bianca veniva illuminata dai riflettori che proiettavano motivi cangianti in chiaroscuro sulla 54th Street. Nella parte superiore dell'entrata si scorgevano delle maschere stilizzate da commedia dell'arte, ricurve e striate come le corna di un ariete. Sopra di loro, avvolta in un drappeggio, si ergeva la protettrice del teatro dagli occhi ipnotici.
La crisi del 1929 rovinò la carriera dello Ziegfeld. Fu trasformato in sala cinematografica, poi in studio televisivo. Chiuse definitivamente i battenti nel 1966 e fu venduto per essere demolito e cedere il posto ad una torre senz'anima. Poco tempo dopo la vendita, il produttore del teatro, Jerry Hammer, passò davanti all'edificio in limousine, in compagnia del promotore immobiliare. Dopo essere stato informato dell'imminente demolizione, Hammer disse scherzando che gli sarebbe piaciuto recuperare uno dei guardiani giganti dell'entrata. Quattro mesi dopo, sentì un gran rumore davanti alla porta di casa, sulla 80th Street. "Era un camion con la gru e una testa – disse al Times – volevano sapere dove collocarla." La testa è ancora là.

52E80

13.

Carlyle Hotel
35 East 76th Street
thecarlyle.com
Linee 4 e 6 / 77 th Street

MURALE AL BEMELMANS BAR

Murales come affitto

Il Bemelmans Bar del Carlyle Hotel è un ambiente particolarmente tranquillo e caloroso con un'atmosfera da anni Trenta. Il bancone in granito levigato è bordato di cuoio, il piano dei tavolini è in vetro nero, il soffitto a foglia d'oro ha riflessi diafani e la luce così soffusa che non si notano subito le pitture murali e i loro strani personaggi: un canguro dalla lunghe zampe, seduto al tavolo di un caffè con un piccolo nel marsupio; una giraffa, con pantaloni a righe e due paia di scarpe con i lacci, che si toglie il cappello per salutare un passante; un coniglio che fuma un sigaro. Dal 1947 questo bar allieta la clientela con un'atmosfera particolare in cui si combinano l'alcool e illustrazioni per l'infanzia.
L'autore di queste pitture ha dato il suo nome al bar: Ludwig Bemelmans, scrittore e artista austriaco che si stabilì a New York ancora adolescente. Per anni lavorò come aiuto-cameriere al Ritz-Carlton Hotel: si nascondeva dietro le palme del ristorante per fare degli schizzi dei clienti sul dorso dei menu. Nel 1939 pubblicò il primo di una serie di libri che raccontavano la storia di una piccola francese birichina, Madeleine, che viveva in un collegio. Le storie di Madeleine lo resero celebre.
"Queste pitture murali – osserva Tommy, il barman – illustrano le quattro stagioni a Central Park". Tommy lavora al Carlyle da anni e ha un dono particolare per la chiacchierata rapida, ma discreta. Mentre vi racconta un aneddoto, apre una bottiglia dopo l'altra, senza neppure guardare quel che fa. "Le quattro stagioni di Central Park con gli *animali* e non le persone – precisa – è stato molto tempo fa". Alcuni monumenti, Belvedere Castle, Cleopatra's Needle (l'obelisco), sono riconoscibili ma sono inseriti in un universo fantastico dove i bassotti portano delle pagliette e i conigli fanno dei conigli di neve. La cosa più strana è che non c'è nulla di ridicolo. Il disegno di Bemelmans non è ricercato; il tratto è piuttosto indeciso ma ha stile e una sua logica. Bemelmans amava viaggiare e vivere in albergo. Anzichè farsi pagare per la decorazione del bar, chiese di vivere, gratuitamente, insieme alla sua famiglia, per 18 mesi al Carlyle.
In realtà, pare che Bemelmans già ci vivesse e che avesse proposto di dipingere le pareti perché era al verde. "Lavoro qui da 53 anni – aggiunge Tommy – e, detto tra noi, è tutto quello che so".

14.

942 Madison Avenue
Linee 4 e 6 / 77th Street

DIMORE IN MADISON AVENUE

Rovine in miniatura

Sul davanzale di una finestra, al secondo piano del vecchio immobile della Mortgage & Trust Company, c'è una specie di nido in argilla: un basamento rosso sormontato da una misteriosa costruzione. Con l'aiuto di un teleobiettivo si può vedere che la costruzione è composta di mattoncini e che stranamente ha la forma di un'abitazione. Una casa abbandonata per indiani del sud-ovest – Hopi o Zuni?- Indiani appena più grandi di un pollice, però.

Queste rovine in miniatura sono opera di un artista, Charles Simonds. "Da tre anni percorro le strade di New York – dichiarò in un filmato del 1972 sulla sua opera – per costruire queste dimore destinate a un gruppo immaginario di Piccoli Uomini che si spostano attraverso la città. Ognuna racconta una parte della storia di questo popolo". La costruzione che si vede in Madison Avenue è una delle tre realizzate in questo quartiere; la seconda è rannicchiata sotto il tetto piramidale di un caminetto, dietro il Mortgage & Trust Building, e la terza è esposta al Whitney Museum. Il museo rende sicuramente omaggio al grande artista americano Simonds, ma il suo progetto, realizzato a sud di Manhattan, appartiene al mondo della strada: la sicurezza, la comunità, gli stravolgimenti urbani e gli interrogativi che solleva, sono temi cari alla gente di strada. Il rapporto dell'artista con New York consiste nell'incastrare costruzioni in argilla agli angoli degli edifici o sui bordi dei marciapiedi – all'esterno, sotto gli occhi degli abitanti. Nel film, si vede l'artista che afferra con delle pinze mattoncini grandi quanto un granello di riso per costruire un minuscolo muro su fondamenta in cemento nel Lower East Side, sotto lo sguardo attonito dei passanti che cercano di capire cosa stia facendo. "Ma lo pagano per fare questo?" si domanda uno di loro.

Simonds realizza ognuna di queste costruzioni in rovina con l'idea che un giorno la città finirà col distruggerle: un rifugio in meno per i Piccoli Uomini. L'opera sulla Madison Avenue, intitolata *Dwellings* ("Dimore"), è protetta perché sta in alto: gli edifici che ospitano la finestra e il camino sono rimasti inalterati dal 1981. Il Mortgage & Trust Building è occupato attualmente dalla gioielleria David Webb; seduti nel loro piccolo angolo cottura, gli impiegati possono esaminare attentamente la rovina posta sul davanzale della finestra, ossia muri di mattoncini grezzi rinforzati da bastoncini. L'addetta alle vendite Alma Continanzi si gusta questo piccolo segreto: "In questa metropoli – dice – c'è ancora perlomeno un piccolo angolo remoto che nessuno conosce".

15.

421 East 61st Street
mvhm.org
Linee N, R, 4, 5 o 6 / 59th Street – Lexington Avenue
Linea F / Lexington Avenue

MOUNT VERNON HOTEL MUSEUM

Le ultime vestigia della New York pastorale

Alcune abitazioni di Manhattan del XVIII e XIX secolo paiono vetrine storiche: Dyckman House, Morris-Jumel Mansion, Merchant's House. Hanno tutte il pavimento scricchiolante, un odore di cera e polvere e tavoli carichi di alimenti finti. Il Mount Vernon Hotel appartiene a questa categoria, ma con una differenza: "Gli storici dell'architettura hanno stabilito che questa dimora era in assoluto l'ultimo "day hotel"" afferma Carol, una guida.

Se non sapete cosa sia un "day hotel", Carol vi dirà di pensare ad un *country club*. La parola country è quella più adatta. Malgrado oggi si trovi davanti al Queensboro Bridge e sia offuscato dall'inquietante One Sutton Place North (un blocco di vetro nero di 40 piani chiamato *2001 Monolith*), quando era in attività, l'hotel Mount Vernon, si trovava in campagna. La città arrivava circa all'altezza della 14th Street. Quelli che ne avevano la possibilità, raggiungevano la Boston Post Road in carrozza o risalivano l'East River in barca per rilassarsi in questo elegante fabbricato in pietra. Al primo piano, le donne cucivano e cantavano mentre al piano terra gli uomini giocavano a carte e bevevano. Il museo rivela alcuni aspetti curiosi dell'epoca. I romanzi erano riservati al salone femminile mentre gli uomini preferivano i giornali. L'acqua, generalmente inquinata, era assente dai pasti. L'hotel non era solo un luogo di evasione ma anche un rifugio per fuggire dal colera e dalla febbre gialla che infieriva in città.

I cambiamenti si fissano nella storia e Mount Vernon è il luogo ideale per osservare in che modo Manhattan si sia trasformata brutalmente in una metropoli. Le sedie del soggiorno annunciano già la monotonia della produzione di massa. In cucina c'è un caminetto tradizionale ma anche un forno ad energia solare più moderno. Nel salotto ci sono un'arpa, un pianoforte e un flauto e, in un angolo, un organetto di Barberia con un repertorio di canzoni popolari (n. 7: "Yankee Doodle"). Negli anni '20 del XIX secolo, la 61st Street (Est) era una strada particolarmente fangosa. Una generazione dopo venne annessa al piano urbanistico.

Il fabbricato fu costruito nel 1799 e, dal 1827 al 1833, funse da "day hotel". Originariamente il terreno apparteneva al colonnello William Smith e a sua moglie Abigail Adams Smith, figlia del padre fondatore John Adams.

Garden Concerts
MOUNT VERNON
1826
HOTEL.
MUSEUM

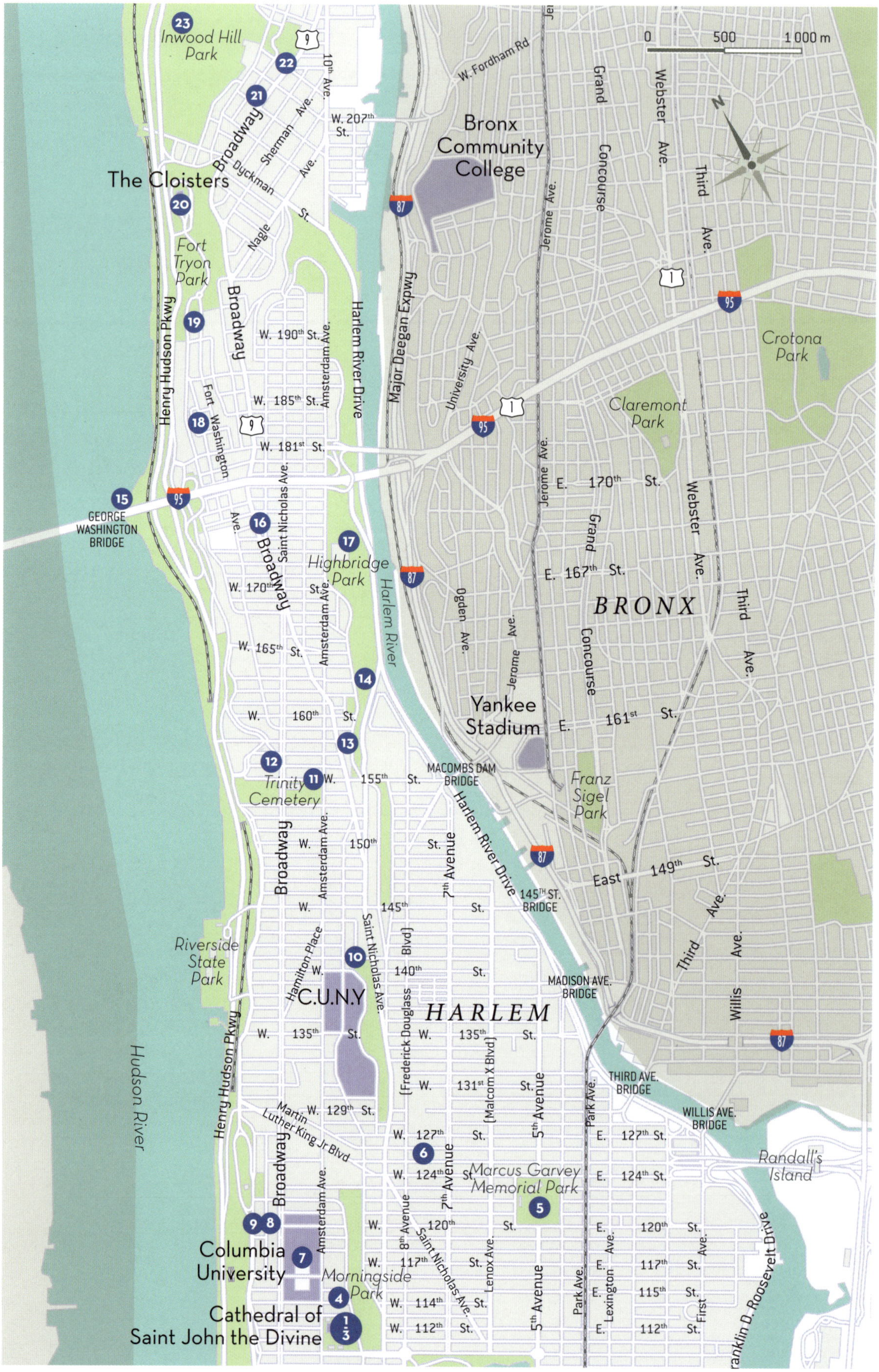

0
500
1 000 m
N
Inwood Hill Park
Broadway
Sherman Ave.
Dyckman Ave.
10th Ave.
W. 207th St.
Nagle St.
The Cloisters
Fort Tryon Park
Henry Hudson Pkwy
W. 190th St.
W. 185th St.
W. 181st St.
Fort Washington Ave.
Amsterdam Ave.
Saint Nicholas Ave.
Harlem River Drive
Major Deegan Expwy
W. Fordham Rd
Bronx Community College
University Ave.
Jerome Ave.
Grand Concourse
Webster Ave.
Third Ave.
Crotona Park
Claremont Park
E. 170th St.
E. 167th St.
BRONX
Ogden Ave.
GEORGE WASHINGTON BRIDGE
Highbridge Park
Harlem River
W. 170th St.
W. 165th St.
W. 160th St.
Yankee Stadium
E. 161st St.
Trinity Cemetery
W. 155th St.
MACOMBS DAM BRIDGE
Franz Sigel Park
W. 150th St.
7th Avenue
East 149th St.
W. 145th St.
145TH ST. BRIDGE
Riverside State Park
Hamilton Place
Saint Nicholas Ave.
(Frederick Douglass Blvd)
W. 140th St.
MADISON AVE. BRIDGE
C.U.N.Y
HARLEM
W. 135th St.
W. 131st St.
(Malcom X Blvd)
5th Avenue
Park Ave.
THIRD AVE. BRIDGE
WILLIS AVE. BRIDGE
Willis Ave.
Hudson River
Martin Luther King Jr Blvd
W. 129th St.
W. 127th St.
E. 127th St.
Marcus Garvey Memorial Park
W. 124th St.
E. 124th St.
Randall's Island
W. 120th St.
E. 120th St.
8th Avenue
Columbia University
Morningside Park
W. 117th St.
E. 117th St.
Lenox Ave.
W. 114th St.
E. 115th St.
Lexington Ave.
First Ave.
Cathedral of Saint John the Divine
W. 112th St.
E. 112th St.
Franklin D. Roosevelt Drive

UPPER MANHATTAN

01.

Cathedral Church of St. John the Divine
Amsterdam Avenue e 112th Street
stjohndivine.org
Linea 1 / 110th Street – Cathedral Parkway

LE PORTE DEL PARADISO

New York: l'Apocalisse

La cattedrale di St. John the Divine è incompiuta ma è già la più grande del mondo. "Per essere esatti" precisa Al Blanco, uno dei volontari all'entrata "diciamo che è *più o meno* la più grande del mondo". La cattedrale di Colonia è la più alta, quella di Siviglia la più larga mentre San Paolo fuori le mura a Roma non è una cattedrale bensì una basilica. Non importa. St. John the Divine è gigantesca e, camminando lungo la navata principale, si prova una delle più intense emozioni architettoniche che New York possa offrire. "I visitatori sono letteralmente rapiti dalla sua immensità, – continua Al Blanco –, e dall'emozione che essa suscita". E le spaventose sculture che decorano il portone che emozioni volevano suscitare?

Le Porte del Paradiso, un insieme di sculture in pietra calcarea che incorniciano la porta d'ingresso alla cattedrale, furono completate nel 1997. Tra i numerosi personaggi biblici figurano sette profeti: Isaia, Geremia, Ezechiele, Daniele, Amos, Osea e Giona, tutti accomunati da un gusto per la carneficina. Ezechiele si erge su crani beffardi, un'allusione alla sua "Visione della Valle delle ossa secche": secondo il catalogo della cattedrale, rappresenta la "distruzione assoluta". Sul capitello sopra il quale stanno Amos e Osea, si intravede un autobus pieno di poveri pendolari che precipitano da un Ponte di Brooklyn spezzato. Ma è soprattutto la scultura che si trova tra i due che fa venire la pelle d'oca. "New York – si legge nel catalogo – e le Twins Towers ritratte sotto un fungo atomico". Le Torri gemelle sono cadute e sono state divorate dalle fiamme.

Spaventare la gente perché vada in chiesa è un espediente vecchio quanto l'esistenza di Dio. Non si dimentichi, tuttavia, che la cattedrale è dedicata all'autore del libro dell'Apocalisse. Per questo motivo molti attribuiscono sinistre intenzioni alla cattedrale di St. John the Divine. La chiesa è stata definita massonica, pagana, satanica e in effetti ci sono molti elementi che paiono giustificare simili sospetti. Questo edificio mette talvolta qualcuno a disagio; ciò non è dovuto tanto ad una cabala malevola quanto piuttosto all'inevitabile conflitto che provoca la costruzione di un colosso medievale nel XX secolo, e a maggior ragione ora nel XXI.

02.

Cathedral Church of St. John the Divine
Amsterdam Avenue e 112th Street
stjohndivine.org
Linea 1 / 110th Street – Cathedral Parkway

LA BENEDIZIONE DELLE BICICLETTE

Una buona azione

La cattedrale di St. John the Divine ospita, durante l'anno, diversi eventi che alcuni ritengono poco cattolici. Non si tratta di un'accusa bensì della conferma che, in occasione di eventi speciali, la cattedrale attira i newyorchesi: amanti di zombi che partecipano alla processione dei vampiri durante Halloween, proprietari di animali domestici che portano alla benedizione annuale cani, gatti, uccelli, furetti, lama, elefanti, ecc., e ciclisti che a primavera vengono per la benedizione annuale delle biciclette.

Nel 1998, Glen Goldstein, l'organizzatore della Benedizione delle biciclette, chiese alle autorità di St. John the Divine il permesso di celebrare una funzione per la sicurezza dei ciclisti. La chiesa accettò volentieri la proposta e accolse in chiesa le biciclette per benedirle con l'acqua santa. Un accordo che irritò i meno tolleranti: la cattedrale è episcopale, Goldstein è ebreo e i partecipanti alla funzione possono credere in ancora qualcos'altro (l'evento è annunciato sul sito web: "Siate i benvenuti, qualunque sia il vostro credo religioso, e anche se non ne avete alcuno").

La manifestazione attira sempre più persone. Accompagnati dal suono di tre cornamuse, centinaia di ciclisti entrano, spingendo le loro biciclette sotto il portico della cattedrale, e le dispongono in file nella navata centrale. L'atmosfera è più conviviale che solenne. Raramente si vedono così tante biciclette tutte insieme sotto uno stesso tetto, e ancor meno sotto il tetto di una chiesa. La cattedrale è così grande che riesce ad ospitare comodamente questa originale assemblea presieduta dal reverendo Tom, le cui parole riecheggiano tra le navate. "Che pedaliate per divertimento o per andare al lavoro, – intona dall'altare – a prescindere dal motivo che vi spinge a spostarvi senza l'ausilio di un motore, voi fate una buona azione". La fine dell'omelia è acclamata da un coro di ciclisti che, ad un tacito segnale, fanno suonare all'unisono i loro campanelli.

Il primo incidente stradale nella storia degli Stati Uniti ebbe luogo a New York. Henry Wells perse il controllo del suo «carretto», a nord di Broadway, e questo andò ad urtare Evylyn Thomas che stava passando in bicicletta (l'incidente non fu mortale).

BELOVED SON HEAR HIM
FRIDAY

03.

Cathedral Church of St. John the Divine
Amsterdam Avenue e 112th Street
stjohndivine.org
Linea 1 / 110th Street – Cathedral Parkway

LA "PEACE FOUNTAIN"

La statua pubblica più strana di New York

Non è per nulla sorprendente che la cattedrale di Saint John the Divine – già di per sé molto particolare – ospiti la statua pubblica più strana di New York. La "Peace Fountain", alta 12 metri, è un'accozzaglia di figure stravaganti: fiamme vorticose, crostacei giganteschi, un'elica di DNA, una luna compiaciuta, giraffe in estasi amorosa, una testa tagliata ed il sistema nervoso di Satana. Al centro, uno scarno arcangelo Michele tiene in mano un gladio.

Due turisti azzardano un'interpretazione:

"Essenzialmente si tratta di un tipo con le ali che palpa una giraffa. E Lucifero si fa staccare la testa, non si sa come, da… cos'è questo?

– Una specie di astice. A dire il vero sembrano denti di squalo. Immagino che, se sono raffigurati in una fontana pubblica, si tratti di un'opera d'arte.

– È un'opera d'arte, caro mio."

La statuaria cristiana ha sempre amato i messaggi cifrati: le chiese francesi del Medioevo, a cui si ispira in parte Saint John the Divine, grondavano di demoni e dannati. La "Peace Fountain" è stata criticata per il suo lato vagamente pagano, ma va ricordato che il Cristianesimo ha riciclato una gran quantità di motivi pagani e a New York, poi, nessuno si offende se viene trattato da "pagano". Perciò, anche se molti non ne sono entusiasti, la scultura si trova al posto giusto.

Osservando attentamente, si noterà una targa in bronzo che ne spiega il significato, forse in un modo un po' troppo semplicistico. La fontana illustra la continuità della vita nel cosmo in relazione al trionfo del bene sul male. Le giraffe, "animali tra i più pacifici", rappresentano il bene. L'astice "ci ricorda che il mare è l'origine della vita" e il DNA è la "molecola fondamentale" della vita. Greg Wyatt, lo scultore in residenza a Saint John the Divine, realizzò la "Peace Fountain" nella cripta. Fu eretta nel 1985 e da allora non ha mai cessato di entusiasmare, sorprendere e sconcertare le persone.

A fare da contrappeso, tutt'intorno, si trova una miriade di sculture più piccole – realizzate dagli scolari del quartiere – che danno mostra dei più svariati messaggi mistici: da Esopo a John Lennon passando per Gandhi.

04.

405 West 114th Street
ccnd-nyc.org
Linea 1 / Cathedral Parkway o 116th Street – Columbia University
Linee A, B e C / Cathedral Parkway o 116th Street

LA GROTTA DELLA CHIESA DI NOTRE-DAME

Una grotta francese e i suoi vantaggi

Se amate l'architettura religiosa con un tocco di "parco tematico", Notre-Dame, nei pressi di Morningside Park, possiede le caratteristiche che cercate: dietro l'altare, il muro è stato interamente scolpito come una grotta. E non come una grotta qualunque, ma come quella di Lourdes, con la roccia sporgente, l'edera rampicante e la nicchia per la statua della Vergine.

È normale che questa chiesa sia caratterizzata da un'influenza francese: Notre-Dame è stata progettata come cappella dei Fathers of Mercy (Padri della Misericordia), una comunità di missionari cattolici francesi.

Il legame con Lourdes è opera di Estelle Livingston Redmond; questa celebre donna di religione cattolica, che apparteneva ad una delle più vecchie famiglie di New York, acquistò il terreno e finanziò la costruzione della chiesa a condizione che fosse dedicata a Nostra Signora di Lourdes, dove la Vergine apparve per la prima volta a Bernadette Soubirous nel 1858. Estelle Redmond era persuasa che la fonte naturale di Lourdes avesse guarito suo figlio. Nel 1913, la parrocchia fu ufficialmente affiliata al santuario francese e i fedeli – secondo un processo che pare essere compreso solo dalla Chiesa Cattolica – poterono in questo modo "ottenere gli stessi vantaggi spirituali dei pellegrini che compiono il viaggio fino a Lourdes".

L'affiliazione si estende più di quanto si possa pensare: fino all'aldilà. Nel 2008, in occasione del centocinquantesimo anniversario dell'apparizione della Vergine, il papa Benedetto XVI decretò che un pellegrinaggio a Lourdes, nell'anno del Giubileo, avrebbe avuto il valore di un'indulgenza plenaria, una specie di salvacondotto per il Paradiso. Ai devoti che, durante la settimana che corrisponde a quella della prima apparizione della Vergine (2-10 febbraio), fossero riusciti a contemplare "la sacra immagine della Vergine di Lourdes, esposta solennemente per essere adorata in una qualsiasi chiesa, grotta o altro luogo dignitoso" sarebbe stato annullato il soggiorno in Purgatorio. In quella stessa settimana, senza allontanarsi dalla città, era possibile assistere ad una partita di baseball, vedere il *Re Leone* e salvarsi l'anima.

Oggi, la chiesa di Notre-Dame continua ad essere ancora spiritualmente legata alla grotta di Lourdes, e distribuisce la famosa acqua benedetta.

"Vorrei ___bottiglie di acqua di Lourdes" è scritto sulla matrice di un buono d'ordine nell'opuscolo della chiesa. "Accludo un'offerta di $___per le spese di trasporto". Ci spiega un impiegato: "L'acqua giunge dalla Francia in grandi recipienti ed è poi travasata in queste bottigliette".

AVE MA

05.

Marcus Garvey Park
Linee 2 e 3 / 125th Street

LA TORRE DI GUARDIA DI HARLEM

L'ultimo dei primi grattacieli

In cima ad una collina, nel punto più elevato di Marcus Garvey Park, sorge una vecchia costruzione di metallo. Chi abita nel quartiere ha diverse teorie sulla sua reale funzione: faro, fortificazione militare, mercato degli schiavi. "Tutto quello che so è che là in alto c'è una grande campana" dice un uomo.

La grande campana in questione pesa quattro tonnellate e mezza e per capire a cosa servisse bisogna immaginare Manhattan disseminata di edifici in legno che non superavano i cinque piani.

La torre di guardia degli incendi di Harlem, sulla collina di Mount Morris, dominava un tempo l'ampia distesa di campi circostanti. Fino alla metà del XIX secolo, quando il Croton Acqueduct iniziò a fornire acqua dolce a Manhattan, gli incendi erano frequenti e drammatici. Le vecchie torri di guardia erano in legno e avevano la prerogativa di andare a fuoco facilmente, insieme a tutto il resto. Intorno al 1840, fu trovata una soluzione che avrebbe fornito la chiave architettonica dell'espansione verticale di Manhattan. Durante un viaggio in Italia, l'ingegnere ed inventore John Bogardus ebbe l'idea di applicare tecniche antiche a edifici in ghisa. Il metallo era già stato impiegato per costruire dei piccoli ponti e costruzioni più basse ma il costo rimaneva proibitivo. Bogardus sfruttò una lega più economica e la robustezza delle travi in ghisa. Il sistema che aveva ideato per le torri di guardia ripartiva i carichi attraverso una struttura portante in metallo; con questo sistema fu possibile costruire i moderni grattacieli.

La prima torre che Bogardus fece costruire nel 1851, tra la 33rd Street e la Ninth Avenue, rappresentava l'unica costruzione negli Stati Uniti ad avere una struttura in acciaio. Subito dopo fu realizzata una seconda torre in Spring Street. Bogardus sperava di realizzare la torre di Mount Morris ma fu battuto da un rivale che, con buonsenso, imitò l'innovativa struttura. A Manhattan furono realizzate in totale circa una dozzina di torri di guardia in acciaio. La città andava crescendo intorno a questi prototipi che ben presto divennero obsoleti. La torre di guardia di Harlem è l'unica rimasta.

06.

Apollo Theater
253 West 125th Street
apollotheater.org
Linee 2, 3, B, C e D / 125th Street

L'ALBERO VOTIVO

Accarezzate il tronco

Sono molte le star salite sul palco dell'Apollo Theater ma anche illustri sconosciuti, per non parlare delle eterne speranze e degli ex talenti promettenti. Da più di 70 anni, il mercoledì il teatro ospita una *Amateur Night* ("Notte dei dilettanti"), che permette a chiunque di esibirsi davanti a un pubblico rumoroso. Accanto alle quinte, su un piedistallo, c'è un oggetto insolito: un pezzo di tronco. Secondo la tradizione dell'Apollo, chi lo accarezza prima di esibirsi sul palco avrà fortuna. Il ceppo brilla per la quantità di superstiziosi che l'hanno accarezzato. Il tempo di entrare in scena e prendere il microfono e, pochi minuti dopo, alcuni si trasformano in Whitney Houston, Ella Fitzgerald, James Brown. Altri rimangono quel che erano: persone normali. Il tronco è però rimasto impregnato dei loro sogni.

La storia dell'Apollo riflette quella di Harlem. Inizialmente era una sala per spettacoli burleschi, poi, diretta da soci ebrei, fu la prima a far scoprire artisti di colore al pubblico bianco newyorchese. "Il modo dei neri – racconta Billy Mitchell, lo storico che fa visitare il teatro –, la nostra musica, il nostro teatro, la nostra poesia, il nostro spirito, il nostro attivismo, la nostra *spavalderia*, come dicono, ecco quello che volevano vedere i nostri fratelli e sorelle bianchi". E quando iniziarono a prendervi gusto, lo reclamarono: la cultura americana cambiò definitivamente. L'immenso successo della cultura nera ispira ancora gli sconosciuti dell'Amateur Night che, prima di entrare in scena, accarezzano il ceppo.

L'origine di quest'albero votivo è anteriore all'Apollo e alla rinascita di Harlem: è una tradizione che risale ai primi neri newyorchesi. Il tronco proviene da un grande olmo che stava sulla 131st Street, di fronte al vecchio Lafayette Theater, la scena afro-americana più in vista negli Stati Uniti agli inizi del XX secolo. Gli artisti pensavano che avrebbero avuto fortuna o avrebbero trovato lavoro se fossero passati sotto l'albero votivo, ne avessero toccato la corteccia o avessero tenuto con sé una foglia o dei rametti. Quando, nel 1934, fu abbattuto, i pezzi furono venduti come souvenir o come legna da ardere.

07.

Low Memorial Library, Columbia University
116th Street e Broadway
Linea 1 / 116th Street – Columbia University

IL GUFO NASCOSTO DELL'*ALMA MATER*

Lo scultore che amava gli uccelli

Sulla scalinata della Low Library, al centro del campus della Columbia University, si erge una statua che molti conoscono bene. Da più di un secolo, l'*Alma Mater* è il simbolo di questa istituzione. Alta cinque metri, la testa cinta di alloro, solleva il braccio dal suo trono massiccio e controlla il cortile con il suo potente sguardo di bronzo, come inebriata dal terrore che incute. Tale solennità è gradevolmente controbilanciata da un dettaglio appena visibile: un gufo che, nascosto, sbircia attraverso le pieghe della toga dell'*Alma Mater*.

Questo gufo racchiude una logica tematica. L'*Alma Mater* simbolizza la cultura dello studente (dal latino "madre nutrice"), tuttavia la figura allegorica è Minerva, dea romana della Saggezza e della Guerra, il cui compagno mitologico è il gufo Glauco. Il gufo ha la capacità di vedere di notte ed è per questo un vero saggio: il suo sguardo fende l'oscurità. Quest'opera è ricca di simboli: la toga rappresenta l'insegnamento, le lampade che volteggiano dai braccioli hanno nome *Doctrina* (l'apprendimento) e *Sapientia* (la conoscenza), e lo scettro che l'*Alma Mater* tiene nella mano destra è sormontato dalla corona del King's College, a rammentare che l'università Columbia era originariamente un'istituzione reale (1754).

Si può giungere a pensare che l'altra mano sarebbe un ottimo supporto per un gufo che veda di notte. Ma in questo modo sarebbe al servizio dell'istituzione. Invece, è così difficile individuarlo che è da mettere in relazione con la personalità dello scultore, Daniel Chester French. Quando ci si accorge di lui è come ricevere una segreta stretta di mano che risale nel tempo. French era affascinato dagli uccelli: la sua passione principale non era l'arte, ma la tassidermia. Si diceva che da giovane avesse "un temperamento solare, brillante e pieno di spirito … ma per nulla determinato in merito al suo futuro". Ottenne il suo primo successo artistico scolpendo gufi e divenne indubbiamente il più grande scultore americano del suo tempo (basti ricordare il Lincoln Memorial).

Daniel Chester French ha lasciato decine di opere a New York, tra cui i Four continents sulla scalinata della Customs House (ex servizi doganali, attuale sede del National Museum of the American Indian).

HERISHED · FROM · GENERATION · TO · GENERATION ·
GLORY · OF · ALMIGHTY · GOD ·
THE · STATE · OF · NEW · YORK ·
A · UNIVERSITY
MDCCCXCVII
ALMA MATER

08.

490 Riverside Drive
trcnyc.org
Linea 1 / 116th Street – Columbia University

IL CARILLON DI RIVERSIDE CHURCH

La campana più pesante della storia

Riverside Church, la chiesa più alta degli Stati Uniti, fu progettata e costruita come un grattacielo: le pietre sono sospese e appoggiate a una gabbia d'acciaio. La sua edificazione iniziò nel 1927, per volere di John D. Rockefeller, e terminò tre anni più tardi. La robusta struttura metallica sostiene tonnellate di muratura decorata e ospita anche il più grande carillon del mondo. Il campanone che scandisce le ore – il *bourdon* – è il più pesante che sia mai esistito.

Da quel fatidico 11 settembre, il campanile e il belvedere non sono più accessibili al pubblico; tuttavia, rivolgendosi al centro visitatori e con qualche insistenza, è sempre possibile organizzare una visita individuale. La soluzione migliore comunque è quella di accompagnare Ralph, il tecnico addetto alla manutenzione, durante il suo giro di controllo giornaliero. Ralph è un uomo forte e sempre di buon umore: fa rumore quando cammina (tra uno sferragliare di chiavi e un gracchiare di walkie-talkie), ma avanza con scioltezza tra scale e corridoi, come fosse a casa sua. "Amo questa chiesa. – dichiara – Sono fiero di lavorare qui e sono sicuro che Mister Rockefeller vorrebbe che tutti potessero apprezzarla".

L'ascensore si ferma al ventesimo piano; una piccola scala conduce al carillon, all'aperto. Le campane sono sospese in un mare di suoni indefiniti: rumori lontani del traffico che salgono dalla strada, raffiche di vento che soffiano da nord, fragore delle persiane metalliche che sbattono. Il " bourdon " (venti tonnellate di bronzo, accordate da esperti) si trova al livello inferiore, mentre tutt'intorno e nella parte superiore sono disposte settantatré campanelle di grandezza decrescente. L'insieme pesa oltre 100 tonnellate. Grazie a un sistema di leve e pulegge, le campane sono collegate a un dispositivo simile a una tastiera che le aziona quasi contemporaneamente, nonostante la loro dimensione. "Ascoltate" dice Ralph mentre preme i tasti più alti e fa subito vibrare note pure come il cristallo. "Adesso premete questo" continua, indicando il tasto più basso (la campana più grande) – "Con più forza!".

John Witkowiak è l'accordatore ufficiale del carillon. "Sono le migliori campane che io conosca", dichiara con tono sicuro da esperto (già il padre e il nonno facevano questo mestiere). Osserva la dimensione del campanile: "Travi enormi – dice – È tutto rivettato". Ma improvvisamente è l'una e tutte le campane si mettono in moto, facendo vibrare ogni parte del corpo. Imperturbabile – o mezzo sordo – Witkowiak fa il giro e si rimette all'opera.

09.

490 Riverside Drive
trcnyc.org
Linea 1 / 116th Street – Columbia University

IL LABIRINTO DI RIVERSIDE

Un mistero millenario

Sul pavimento del coro nella chiesa di Riverside s'intravedono ancora i segni delle origini medievali dell'edificio: un labirinto di pietra. Benché di origine anteriore, i labirinti fecero la loro prima comparsa sui pavimenti delle chiese cristiane attorno all'anno Mille. Secondo una certa teoria, percorrendo i tortuosi meandri disegnati per terra, i fedeli che non potevano recarsi a Gerusalemme finivano col fare un pellegrinaggio per procura. Se andando a sbattere contro le pareti di un labirinto avete più probabilità di diventare scemi che non di vivere un momento di ascesi spirituale, ricordatevi che i labirinti sono disegni e non enigmi. Tutti quelli che vi si avventurano, seguono lo stesso inevitabile percorso: ce n'è uno solo. Realizzata nel 1930, la chiesa di Riverside è stata progettata sulla falsariga della cattedrale di Chartres, dalla quale ha mutuato il labirinto e l'architettura. Il labirinto di Chartres è il più celebre al mondo: con i suoi dodici metri di diametro riempie la navata. Il disegno sul pavimento di Riverside è essenzialmente simbolico: ottenuto con marmi levigati in colori contrastanti, ha un diametro di soli tre metri e i bordi non sono percorribili. Eppure, a partire dagli anni '90, questa chiesa ha richiamato un gran numero di appassionati di labirinti, attratti da una versione "portatile" più grande, che può essere aperta e stesa sul pavimento. Fu Richard Butler, un fedele della chiesa, a inaugurare questa consuetudine, partecipando per la domenica di Pasqua alla realizzazione di un labirinto di carta, che in seguito si sarebbe dovuto dipingere su tela. "Percorrendolo, ho l'impressione di ossigenarmi la mente", dichiarò allora al Times. I labirinti rappresentano un fenomeno di più vasta portata. Diana Carulli, un'artista che ha disegnato grandi labirinti pubblici, in particolare a Union Square, sostiene che la gente chiede sempre più di camminare in tondo, disegnando dei cerchi. "I labirinti ci aiutano ad attraversare certi periodi drammatici di ricerca spirituale. – afferma – Aiutano misteriosamente a rafforzare lo spirito".

Ogni tre mesi circa, la parrocchia di Riverside organizza dei percorsi nel labirinto ai quali tutti possono partecipare.

10.

414 West 141st Street
nps.gov/hagr
Linea 1 / 137th Street (West)
Linee A, B, C e D / 145th Street

HAMILTON GRANGE

La residenza newyorchese di un Padre fondatore

Tra tutti i Padri fondatori, Alexander Hamilton è il più ostinato, il più ottimista, il self-made-man: il vero Newyorchese insomma. Nato nelle Antille, povero ed orfano, a soli vent'anni divenne l'aiutante di campo di George Washington. Era dotato di un sesto senso per la finanza, e il privilegio che concesse a Thomas Jefferson di trasferire la capitale politica della nazione a Washington D. C. mantenendo le attività bancarie a New York riecheggia ancora. Lasciò decisamente la sua impronta in città. Si può brindare alla sua salute alla Fraunces Tavern, sede dei suoi primi uffici di Segretario del Tesoro, o visitare il sito della banca più vecchia degli Stati Uniti, di cui fu il fondatore. Dalla West 42nd Street si vede Weehawken, sull'altro lato dell'Hudson, dove Hamilton duellò con Aaron Burr, e la sua tomba nel cimitero di Trinity Church. Un numero sorprendente di newyorchesi – tra cui soprattutto quelli che considerano un retroterra esotico tutto quello che sta a nord della 110th Street – ignorano che anche la sua ultima e unica residenza si trovi a Manhattan. Hamilton la chiamò "*the Grange*" ("la fattoria") in ricordo della proprietà del nonno in Scozia. Uno dei motivi per cui non è conosciuta è il lungo restauro che si concluse solo alla fine del 2011. Per non parlare dell'instabilità stessa dell'edificio: fu spostato (interamente) in due riprese, una prima volta di quattro isolati verso ovest per incastrarlo a fianco alla chiesa episcopale di Saint Luke (dove esiste ancora una statua in bronzo di Hamilton), e, in tempi più recenti, sulla West 141st Street, dove fu riorientato per inserirlo meglio rispetto al Saint Nicholas Park. Hamilton fece costruire questa casa di campagna per motivi famigliari. Quando venne ad abitarvi nel 1802, aveva sette bambini e la distanza da New York, che all'epoca si concentrava in quello che oggi chiamiamo Downtown, li metteva al riparo da malattie quali il colera e la febbre gialla. Un'abitazione piccola ma dotata di tutte le comodità: Hamilton la chiamava il suo "dolce progetto" e probabilmente pensava che qui sarebbe morto, vecchio e contento. Invece, all'alba dell'11 luglio 1804 si alzò per andare incontro al vice-presidente degli Stati Uniti, per mano del quale morì nel più famoso duello della storia del paese.

11.

Trinity Mausoleum and Cemetery
770 Riverside Drive
trinitywallstreet.org/cemetery-mausoleum
Linee A e C / 155th Street
Linea 1 / 157th Street

I BASSORILIEVI DELLA TOMBA DI AUDUBON

Assassino (e pittore) di uccelli

Anche se non mancano gli indizi – Audubon Terrace, Audubon Av. – molti ignorano che il "più grande naturalista americano" visse nel quartiere di Washington Heights. Audubon potrebbe peraltro essere anche un mito: pare sia vissuto in un'oasi di armonia e colori, abitata solo da uccelli. In realtà morì banalmente a New York. Nato a Santo Domingo, cresciuto in Francia, cittadino americano, Jean-Jacques Audubon dedicò anni di duro e ingrato lavoro alla creazione di un capolavoro pittorico: una descrizione completa degli uccelli d'America. Quando il progetto gli portò infine la meritata fama, acquistò una proprietà nella parte alta della 155th St., dove visse fino a quando morì.
Un tempo, il terreno del cimitero di Trinity faceva parte della sua tenuta. Per questo la tomba di Audubon è una delle più monumentali: una croce celtica del peso di sette tonnellate, scolpita in un blocco massiccio e alto sei metri, ricoperta di uccelli. Ad osservarla attentamente, vi si scopre un aspetto della carriera del naturalista che mai si sarebbe immaginato: su uno dei lati del piedestallo, un bassorilievo raffigura gli strumenti del pittore – tavolozza, pennello e poggiamano – incorniciati da foglie e fiori. Sull'altro lato, invece, sono raffigurati un corno contenente della polvere da sparo, un carniere e fucili da caccia incrociati. Prima ancora che artista, Audubon era un ottimo cacciatore: uccideva quasi tutti gli uccelli che dipingeva. In ogni suo ritratto compare sempre un fucile. Uccideva gli uccelli e, utilizzando del filo di ferro, li disponeva come se fossero vivi, li inquadrava in una griglia per correggerne le proporzioni e poi, con calma, li dipingeva.

BIRDS OF AMERICA

Birds of America d'Audubon, stampato per la prima volta nel 1827, contiene i disegni di almeno 500 uccelli, alcuni appartenenti a specie oggi estinte: il grande pinguino, l'urogallo d'America. Quando Audubon morì, lasciò in eredità alla moglie la proprietà che costei aveva peraltro curato mentre egli girovagava per gli Stati Uniti. Trovatasi a sua volta in difficoltà, la vedova dovette vendere gli acquerelli originali del libro per la somma di 2000 $ alla New-York Historical Society. La maggior parte delle tavole in rame inciso finirono così con l'essere fuse presso un ferrivecchi. Nel 2010, in una vendita all'asta da Sotheby's a Londra, l'edizione completa di Birds of America venne venduta al prezzo record di 11,6 milioni di dollari: il libro stampato più caro della storia.

AUDUBON.

12.

Broadway, tra West 155th Street e West 156th Street
hispanicsociety.org
Linea 1 / 157th Street
Linea C / 155th Street

IL PORTOLANO HISPANIC SOCIETY OF AMERICA

America terra incognita

Cosa c'è di più affascinante di una vecchia carta geografica in cui i territori sono ancora irregolari e strani e dove i margini dei continenti terra incognita sono nebulosi? *The Hispanic Society of America Museum* ne possiede una nella sua biblioteca: un'immensa *mappa mundi* del 1526, su pergamena, attribuita a Giovanni Vespucci, nipote del grande esploratore fiorentino Amerigo e contrassegnata come "Portolano".

Realizzate per scopi commerciali, le carte nautiche o portolani, sono le primissime mappe del mondo conosciuto a non essere frutto di fantasia. Quella dell'*Hispanic Society* passa per essere stata la carta d'esplorazione ufficiale spagnola chiamata *padrón real* o "registro reale". "Quando i marinai ritornavano in Spagna – ci dice il conservatore della biblioteca – avevano l'obbligo di stilare una relazione in cui definivano i contorni delle coste che avevano visto". La carta realizzata sulla base di queste descrizioni era regolarmente aggiornata ed era coperta dal segreto di Stato: nell'immaginazione delle potenze rivali europee, il Nuovo Mondo brillava come un'immensa distesa d'oro puro. La persona incaricata di aggiornare il registro spagnolo si chiamava *piloto mayor*, cioè "navigatore capo". Il titolo rimase ad Amerigo Vespucci fino alla sua morte, avvenuta nel 1519, e poi fu trasmesso al nipote Giovanni. Il piloto mayor aveva un compito molto delicato dal punto di vista politico: doveva annotare correttamente le ultime scoperte e non diffondere la notizia. Un giorno Giovanni fece un passo falso e fu immediatamente allontanato.

Da sempre avvolta nel mistero, la carta nautica Vespucci continua ad affascinare. Per prima cosa, non si trova nella biblioteca principale, ma nel deposito. Dovrete sussurrare lo scopo della vostra visita ad un bibliotecario, che vi condurrà fino ad una tenda che aprirà, in maniera vagamente teatrale. Davanti a voi si presenterà il mondo quale veniva raffigurato cinquecento anni fa. L'Europa è ben definita. Anche l'Africa, anche se gli elefanti sono stati disegnati da qualcuno che non li aveva mai visti. La cosa più sorprendente è l'accuratezza con cui sono state riportate le Americhe: il Golfo del Messico e le Indie occidentali sono raffigurati con straordinaria precisione; la Florida è già una penisola e non l'isola fino allora immaginata. Logicamente le carte realizzate da marinai abbondano di dettagli relativi alle coste. Il retroterra rimane impreciso, un paesaggio indefinito, con colline dal tenue colore blu che sfuma nel nulla: l'immagine stessa del mondo sconosciuto.

13.

Coogan's Bluff,
all'angolo di Edgecombe Avenue e West 158th Street
Linea 1 / 157th Street
Linee A e C / 155th Street

BRUSH STAIRWAY E OLD POLO GROUNDS

Le ultime tracce del baseball a Manhattan

La scalinata in metallo realizzata sui fianchi della collina di Coogan's Bluff dominava un tempo il campo di baseball – *i Polo Grounds* – dei New York Giants. Nascosta dietro un cancello mal ridotto, mezza sepolta dalle foglie, la "Brush Stairway" non conduce in nessun luogo ed è eloquente quanto una tomba: da molto tempo ormai non si gioca più a baseball a Manhattan.

Eppure questo sport è nato qui. La geometria stessa del baseball si è adattata alla forma di Manhattan: il "diamante", o campo interno, è nato negli anni '40 dell'Ottocento in Madison Square dove gli impiegati avevano iniziato a giocare all'uscita dall'ufficio. Agli inizi, il gioco (chiamato *rounders*) era composto da cinque basi, ma il quadrato che queste formavano era troppo piccolo e quindi una base fu eliminata. Nel 1845 la prima squadra di New York, i Knickerbockers, stabilì le regole del gioco e immediatamente scoppiò la follia del baseball: in meno di dieci anni divenne l'hobby nazionale.

Durante il primo incontro ai Polo Grounds, non tutti i tifosi riuscirono a trovare posto. James D. Hardy scrisse nel *The New York Giants Baseball Club* che: "Si arrampicavano sui fianchi della collina di Coogan per guardare la partita e ben presto quel luogo è stato chiamato la collina degli scrocconi". Un posto ideale per gli spettatori non paganti, usato fino a quando lo stadio fu demolito nel 1964. Oltre che per i Giants, i Polo Grounds erano stati il campo di gioco anche degli Yankees e dei Mets per periodi più brevi, e fu il luogo dove avvenne "The Shot Heard 'Round the World", l'indimenticabile tiro di Bobby Thomson contro i Brooklyn Dodgers.

Oggi, di questo celebre stadio, non rimane che una scalinata sui fianchi della collina e una targa che il proprietario dei Giants, John T. Brush, ha posto sul pavimento in cemento. Da questo punto si possono vedere le auto su Harlem River Drive, dove i taxisti dominicani parcheggiano vicino a un furgoncino che vende da mangiare. Il più anziano ricorda di avere visto delle partite dalla collina. "Quando non avevamo i soldi per il biglietto – afferma sorridendo – ci arrampicavamo lassù". "Era tanto tempo fa" aggiunge sospirando.

In realtà si tratta del secondo campo da gioco, infatti il primo si trovava sulla 110th Street e originariamente vi si giocava a polo.

THE
JOHN T. BRUSH
STAIRWAY
RESENTED BY THE
NEW YORK
GIANTS'

14.

Highbridge Park
Per arrivarci: su richiesta dell'artista, non possiamo indicare il luogo esatto. I petroglifi sono scolpiti nella parete nord di una sporgenza di scisto nell'Highbridge Park, tra Edgecombe Avenue e Harlem River Drive, a sud della 165th
Linee A e C / 163rd Street – Amsterdam Avenue

I PETROGLIFI DI MANHATTAN

L'anti-Instagram

Un petroglifo è un'immagine incisa in rilievo su una superficie di pietra. Un uomo paleolitico che incide la sagoma di un cavallo in una grotta con la costola di un orso 30.000 anni fa? È un petroglifo. Un laureato d'arte del Minnesota che incide un elicottero su uno sperone roccioso di Manhattan? È ... un po' diverso. Sapete perché? L'arte dei petroglifi è passata di moda con l'invenzione della scrittura. Non ci aspettiamo di vederne di recenti, specialmente non qui, e ancor meno che rappresentino aerei, mongolfiere, missili e satelliti ...

Il risultato è enigmatico, confuso. Tutto il merito va a Kevin Sudeith, autoproclamatosi "petroglifista", forse al limite del vandalismo.

Commesse o arte pubblica, le opere di Sudeith spaziano dalla California alla Nuova Scozia. I petroglifi di Manhattan sono un'iniziativa personale e, per trovarli, dovrete scalare delle rocce ed evitare delle piante velenose. Fa parte dell'esperienza. Andare a vedere le incisioni, spesso poco più grandi di una mano, è una piccola via crucis. Questa forma d'arte non rende bene nelle foto. Se non andate fino alla roccia, anche la roccia non verrà da voi. Potremmo chiamarlo anti-Instagram.

Abile disegnatore, Sudeith ha visto il potenziale dei petroglifi durante un viaggio in Australia. Su una parete di roccia, i motivi millenari erano in parte coperti dal disegno di un Europeo a cavallo.

Questa sovrapposizione di storia ha fatto effetto e da allora l'artista ha vissuto solo per creare opere senza tempo, ma interessanti per i locali. "Il vantaggio dei petroglifi", dice Sudeith, "è che esistono isolati. Una volta creati, non hanno bisogno di un microcosmo artistico per trovare un pubblico. È il pubblico che viene da loro. Quando esattamente, non importa; ora o tra un secolo, tutto mi va bene. E se non succede nulla, il petroglifo rimane tranquillamente nel suo angolo. Ma comunque esiste, indipendentemente da me, dalla mia carriera. E questo mi basta."

15.

Fort Washington Park
Riverside Drive all'altezza della 179th St,
sotto il George Washington Bridge
nycgovparks.org/parks/fortwashingtonpark/highlights/11044
Linea A / 181st Street
Seguire Henry Hudson Greenway da Riverside Drive

IL PICCOLO FARO ROSSO

Il padrone del fiume

Durante l'estate del 1951, il traffico sulla Riverside Drive, all'altezza del George Washington Bridge, improvvisamente rallentò: gli automobilisti staccavano il piede dall'acceleratore per rivolgere lo sguardo verso un faro di colore rosso ciliegia. Avevano da poco annunciato che questa costruzione, la cui sagoma familiare era visibile da trent'anni sull'Hudson River, sarebbe stata smantellata. Il coro di proteste riempì le pagine di tutti i giornali.

Furono i bambini a prendere l'iniziativa. Dal 1942 avevano con il faro un rapporto affettivo grazie ad un libro molto popolare, *The Little Red Lighthouse and the Great Gray Bridge* ("Il piccolo faro rosso e il grande ponte grigio"), di Hildegarde Swift e Lynd Ward. Il libro racconta la storia di un faro "rosso, rotondo e allegro" che salva le imbarcazioni dalla nebbia e dalle correnti su un tratto insidioso dell'Hudson. Lui stesso si meraviglia: "Allora, disse, io sono IL PADRONE DEL FIUME." Ed era vero: erano accaduti così tanti incidenti in quel punto – dove emerge uno spuntone di terra chiamato Jeffrey's Hook – che nel 1889 furono collocati dei fari di segnalazione. Dall'epoca della sua costruzione, avvenuta nel 1921, questo faro alto 12 metri, con la sua potente lampada e il corno da nebbia, aveva salvato molte vite e molte navi da carico.

Dieci anni dopo, fu inaugurato il George Washington Bridge. Accanto a questo mostro metallico illuminato, il piccolo faro da eroico diventò semplicemente tenero. Il vero soggetto della storia è la crisi di identità. "Forse non illuminerò più – si disse – e divenne MOLTO, MOLTO triste." Se pensate che l'immagine di un faro in lacrime sia troppo sciocca per essere commovente, cercate di procurarvi una copia di questo libro.

La storia finisce bene. L'enorme ponte metallico fa sì che le imbarcazioni abbiano sempre bisogno del piccolo faro e un temporale conferma che il ponte ha ragione. Ma nella città, enorme e fredda, non fu la stessa cosa. Il faro divenne obsoleto: quando la guardia costiera annunciò il suo smantellamento i bambini impazzirono.

Uno psichiatra della Commissione pubblica per l'infanzia dichiarò che il faro era un simbolo di sicurezza: "Mostra che il mondo, per quanto sia grande, non spaventa i piccoli". I bambini scrissero lettere, alcuni inviarono addirittura dei soldi. La città ascoltò queste lamentele e si dimostrò clemente. Il Parks Department acquistò il faro, gli diede un nuovo lustro e l'aprì al pubblico. È l'ultimo faro di Manhattan.

16.

4140 Broadway all'altezza della 175th Street (West)
unitedpalace.org
Linea A / 175th Street
Linea 1 / 168th Street

IL CINEMA LOEW'S

Bizantino-romanico-indo-indù-sino-moresco-persiano-eclettico-rococò-decò

Nel momento d'oro di Hollywood, i newyorchesi andavano a vedere i film in cinema maestosi. La maggior parte di questi sono stati demoliti, alcuni stanno cadendo a pezzi e di altri non è rimasta che la facciata. Il più grande di tutti è ancora in piedi, sulla 175th Street, fiero ed enigmatico.

Quando lo si vede per la prima volta, si capisce subito che è unico e dallo stile imprecisabile: è stato definito "indocinese", "maya neo orientale", "neoclassico cambogiano". Il critico David Dunlap, appropriandosi dell'intero linguaggio architettonico, lo definì: "bizantino-romanico-indo-indù-sino-moresco-persiano-eclettico-rococò-decò". All'esterno pare vagamente un tempio. L'interno è una profusione di dorature: dee, amorini, elefanti, divinità.

È considerata l'opera più straordinaria dell'architetto Thomas W. Lamb. "Fino al 1927 i suoi edifici erano piuttosto disadorni" afferma Craig Morrison della *Theater Historical Society of America* "Poi improvvisamente: wow!". Lamb non era l'unico: per gli architetti delle sale cinematografiche, l'eccesso era la regola. "Vendiamo biglietti di teatro non di cinema", diceva Marcus Loew, proprietario di una catena di sale da teatro. Nel 1924 Loew acquisì la partecipazione di maggioranza negli studios della Metro-Goldwyn-Mayer: in altre parole, i film dovevano far girare le sale cinematografiche e non il contrario. Le sale divennero illusioni di un affascinante esotismo che, secondo Lamb, "devono ammaliare lo spettatore e trascinarlo in una misteriosa avventura".

Oggi si può ancora visitare il Loew's, sulla 175th Street, ma non si possono vedere film. Nel 1969 l'edificio fu acquistato da Frederick "Reverend Ike" Eikerenkoetter che lo ribattezzò "United Palace Theater" e ne fece la sede della radio e della televisione del suo ordine sacerdotale. Secondo il reverendo, che guidava una Mercedes di colore diverso ogni giorno della settimana, la povertà è la fonte di tutti i mali. Si arricchì caldeggiando un metodo piuttosto corrotto: *Thinkonomics*, ma fu riscattato dagli ammiratori del vecchio cinema. "Un restauro splendido" sostiene Morrison.

Ike è morto nel 2009 e, ogni domenica pomeriggio, nella chiesa viene celebrata una messa in suo onore. Il pastore fa una predica falsamente rasserenante ai primi quattro o cinque banchi, mentre intorno, i muri e le gallerie, riccamente decorate, e il soffitto ispirato ad un sogno orientale scintillano nella penombra.

EXIT
EXIT

17.

High Bridge Park
Tra la 155th Street (West) e Dyckman Street,
Edgecombe e Amsterdam Avenue
nycgovparks.org/parks/highbridgepark
Linea A / 175th Street
Linea 1 / 181th Street

IN CIMA ALLA TORRE DI HIGH BRIDGE

Una volta al mese, una visita guidata fino in cima

La maggior parte dei newyorchesi ha visto High Bridge Park solo dal finestrino della macchina. Una torre in pietra alta 60 metri che appare ad intermittenza tra gli alberi mentre si percorre l'Harlem Drive. Molti l'hanno vista soltanto sulla cartina e quasi nessuno sa che è possibile visitarla e anche salire fino in cima. Una volta al mese, le guardie forestali del parco organizzano una visita guidata fino in cima all'edificio.

Dopo avere salito la scala a chiocciola che porta all'osservatorio, la vista spazia su tutta la valle del fiume Harlem e, più in là, nel Bronx, sorprendentemente verde. In basso, il fiume è attraversato da quel che resta dell'acquedotto di Croton: una fila di mattoni rossi che costituiscono l'High Bridge. Il ponte più vecchio della città è l'ultimo arco di un acquedotto di 65 chilometri (s.v. pag. 68), rimasto chiuso per decine di anni. "Quelli tra voi che sono nati prima degli anni '70 forse ricorderanno che da questo ponte venivano lanciati i sassi sulle macchine che passavano sotto" ci ricorda Jerry Seigler, una guardia forestale. Indossa il copricapo regolamentare, ha un walkie-talkie, un manganello e, alla cintura, delle manette. Quelli che ricordano, se ne stanno zitti. Jerry fa scendere il gruppo dei visitatori e li conduce nel punto in cui il vecchio ponte incontra il pendio roccioso di High Bridge Park.

La visita guidata prosegue lungo gli argini, particolarmente selvaggi, del fiume: una fitta vegetazione di piante rampicanti, rocce coperte da muschio e grandi alberi. La visita risulta molto piacevole tanto più che Jerry è un pozzo di informazioni: conosce la storia del parco, la sua geologia, la flora e i trucchi di caccia degli Indiani (spingevano i cervi verso il fiume perché annegassero).

Il gruppo percorre un sentiero ombreggiato dal fondo argilloso. Se non fosse per le schegge di vetro di cui è disseminato, parrebbe di essere negli Appalachi. "Ecco uno dei miei alberi preferiti. – dice Jerry, indicando un platano gigantesco con il tronco traforato – Un giorno, ho scoperto che era abitato". Tutti pensano che l'inquilino sia un adorabile procione. Jerry invece si sta riferendo ad una persona in carne ed ossa: un senzatetto con il materasso messo di traverso, un televisore a batteria e un carrello della spesa incatenato ad un albero.

18.

Fort Washington Avenue e West 183rd Street
nycgovparks.org/parks/bennettpark
Linea 1 / 181st Street

BENNETT PARK

Il punto più elevato di Manhattan

Lo *skyline* di New York è pura architettura: si dimentica facilmente che i grattacieli di questa metropoli in verticale non sono che la ciliegina su una gigantesca torta rocciosa sottostante. Il terreno sui cui sorge Manhattan è composto essenzialmente da due tipi di rocce: lo schisto – una pietra color cenere che affiora luccicante a Central Park – e il marmo, presente solo nella parte settentrionale, a Inwood. Lungo la penisola, la roccia è ondulata. La mancanza di grattacieli tra *downtown* e *midtown* è dovuta al fatto che qui lo strato roccioso è profondo più di trenta metri e quindi è impossibile scavare per costruire delle fondamenta. A Washington Heights, invece, raggiunge il culmine: una piccola sporgenza al centro di Bennett Park. Una targa indica l'altezza esatta: 80,8 metri sul livello del mare. Un tempo, tuttavia, la collina aveva dei vantaggi strategici. Nell'estate del 1776, George Washington perlustrò il sito e ordinò la costruzione di una fortificazione, "una specie di cittadella". Nel parco si possono ancora vedere le tracce, delimitate dalle pietre, di un'opera a cinque bastioni battezzata Fort Washington, in onore del generale (che diede il suo nome anche a Washington Heights e Fort Washington Avenue). Dopo una serie di contrattempi e combattimenti ravvicinati, gli americani furono circondati da svariati reggimenti britannici, quattro volte più numerosi. Il comandante delle truppe inglesi, il generale Howe, segnalò agli americani il vantaggio numerico, ma questi non indietreggiarono, preparandosi all'assalto. La battaglia iniziò il 16 novembre. Accampato sull'altra riva del fiume Hudson, Washington poteva vedere con il cannocchiale i soldati britannici passare al filo della baionetta i soldati americani. "Sono in una situazione così difficile – scrisse – che se dovessi augurare la peggiore delle maledizioni al nemico su questo lato della tomba, lo metterei al mio posto e nel mio stato d'animo". La battaglia fu cruenta e decisiva: gli inglesi occuparono Manhattan fino alla fine della guerra.

LA PRIMA DONNA-SOLDATO DEGLI STATI UNITI

Al momento di andare in pensione Margaret Corbin, «l'eroina di Fort Washington» fu dichiarata prima donna-soldato degli Stati Uniti. Durante la battaglia aiutò il marito artigliere. Quando questi morì si mise a tirare cannonate al suo posto. Non lontano, a Holyrood Church, c'è una targa in suo onore.

Per le sue caratteristiche geologiche, questa parte di Washington Heights è anche attraversata dal tunnel più profondo della metropolitana. La stazione più bassa è quella della 181th St, lungo il percorso della linea 1/9.

THE HIGHEST
NATURAL POINT
ON MANHATTAN
265·05 FEET
ABOVE·SEA·LEVEL
U·S·C&G·S·DATUM

19.

701 Fort Washington Avenue
cabrinishrinenyc.org
Linea A / 190th Street

IL SANTUARIO DI SANTA FRANCESCA CABRINI

La prima santa americana

Francesca Saverio Cabrini, la prima cittadina americana ad essere canonizzata dalla Chiesa cattolica, riposa in un santuario a Washington Heights. La vista delle sue spoglie mortali in un sarcofago di vetro potrebbe impressionare le persone più sensibili.
"Certo, alcuni visitatori sono terrorizzati. – dice Rose, la segretaria del santuario – Si vedono lo scheletro e la pelle. Ma non è per questo che si diventa santi. Per diventare santi bisogna fare *miracoli*."
Il santuario di Madre Cabrini si occupa di immigrati ed è dunque naturale che si trovi a New York. Francesca poteva capire i loro problemi perché lei stessa era un'immigrata. Dopo aver fondato una congregazione religiosa in terra natia, l'Italia, giunse a Manhattan nel 1889 con un gruppo di consorelle. La piccola comunità andò a vivere nella squallida abitazione di Five Points nel Lower East Side, un ambiente sporco, rumoroso e infestato di parassiti; di notte una delle religiose faceva la guardia per proteggere le altre dai ratti. A quell'epoca, gli italiani erano spesso considerati una sottospecie. "Ci sono talmente tante cose da fare per i nostri poveri italiani, derisi e abbandonati – scriveva Madre Cabrini – Gli Americani non sopportano la nostra vista". Francesca Saverio Cabrini si occupava soprattutto di scuole ed orfanotrofi. Quando le venne chiesto di occuparsi anche di ospedali rifiutò ma, continua Rose, la Vergine Maria le apparse in sogno con le maniche rimboccate per "fare quello che non vuole fare". Rose sbarra gli occhi dal terrore all'idea che la madre di Gesù abbia potuto rimproverarla personalmente. "Va bene, lo farò" disse Francesca.
Francesca fondò più di 60 istituti, tra cui un centro medico sulla 22nd Street (oggi chiuso). Nel 1909 ottenne la cittadinanza americana e nel 1946 fu canonizzata. Nella bolla papale, la santa è formalmente riconosciuta come "celeste patrona degli immigrati". Rose si mette a frugare in una cartellina e alla fine trova la recente lettera di una dominicana che implora di essere liberata anticipatamente dalla prigione per poter raggiungere i suoi figli. La lettera è direttamente indirizzata alla santa, in tono famigliare, ma ovviamente sarà Rose a scrivere la risposta.

Il corpo di Madre Cabrini non è interamente nel santuario: la Chiesa, infatti, non esitò a ripartire le reliquie. Il cuore è a Roma e la testa a Codogno.

20.

The Cloisters Museum
99 Margaret Corbin Drive, Fort Tryon Park
metmuseum.org/cloisters
Linea A / 190th Street

IL BUSTO DEL CRISTO DI LAVAUDIEU

Un vecchio spaventapasseri

Sullo spoglio muro dell'ala romanica dei *Cloisters* è appeso un modesto busto di Cristo. Incompleto, mutilato e sporcato dal passare dei secoli, è tra le opere meno notate del museo. La scultura ha una storia stravagante che riassume, con comica precisione, l'intera storia e la funzione dei "Chiostri" quali istituzione culturale.

"Se siete alla ricerca di luoghi curiosi e lugubri – afferma un volontario che garantisce le visite guidate dei Cloisters – questo museo sarà il primo della lista". Moltissime opere d'arte medievali suscitano un sentimento di paura, ma la caratteristica singolare di questo museo (senza eguali tra gli altri musei americani) è la loro disposizione. La visita dei Cloisters è una passeggiata attraverso un ingegnoso assemblaggio di architetture monastiche: tonnellate di blocchi di pietra furono importate dall'Europa per la loro realizzazione. Questo spazio espositivo dedicato all'arte medievale è stato progettato da George Grey Barnard, uno scultore americano che durante i suoi studi a Parigi accumulò molte opere d'arte europee, che oggi rappresentano il cuore della collezione. Aveva un profondo interesse per la scultura medievale, cosa rara a quell'epoca.

Gli Stati Uniti, contrariamente alla Francia, non sono mai stati diffidenti nei confronti del Medioevo. Durante la Rivoluzione Francese, l'Assemblea Nazionale si appropriò dei beni ecclesiastici e li vendette ai cittadini. Le abbazie divennero fattorie, le cappelle granai e le sculture servirono a tamponare i muri. Fu così che la statuaria religiosa europea creò una collezione oltreoceano: bastava servirsi.

La guida si accosta al busto e rimane un attimo in silenzio prima di soffermarsi sul fascino particolare dell'opera, già assaporando la conclusione della sua presentazione. "Si noti la delicatezza dell'anatomia del corpo umano: le ossa, i muscoli, la pelle strappata. Una scultura eccezionale per il XII secolo. Per molto tempo è stata considerata una scoperta rarissima". Barnard aveva scovato questo busto nell'abbazia di Lavaudieu, in Alvernia. "L'ha acquistata a dei francesi che l'avevano vestita e piantata nei campi come spaventapasseri!".

21.

Broadway e West 204th Street
dyckmanfarmhouse.org
Linea A / Dyckman Street o Inwood – 207th Street
Linea 1 / 207th Street

THE DYCKMAN FARMHOUSE

L'ultima fattoria di Manhattan

All'angolo tra Broadway e la West 204th Street, dove gli alberi adombrano i lampioni e le uscite di sicurezza, c'è la fattoria dei Dyckman, l'ultima testimonianza della vita agreste nel XVIII secolo. A nord di Manhattan, c'erano solo aziende agricole, tranquilli ruscelli e quel che rimaneva di qualche villaggio indiano. Per oltre due secoli, questa semplice casa bianca, l'ultima fattoria di Manhattan, è stata risparmiata dalla modernità. Costruita nel 1784 da William Dyckman, non fu mai ammodernata perché avrebbe potuto essere demolita da un giorno all'altro. Agli inizi del XX secolo, fu addirittura ipotizzato di trasferirla non lontano, ad Isham Park, ma i discendenti di Dyckman intervennero perché non venisse spostata, ma aperta al pubblico.

Oggi il personale del museo è molto impegnato nella sua manutenzione. Al piano superiore non è cambiato nulla dopo che, nel 1915, è stata trasformata in museo. Al piano terra, invece, il salone e la cucina, ricavata in un abbassamento del terreno, sono stati oggetto di una minuziosa ricostruzione. "L'idea che ci si fa del passato – spiega Susan De Vries, la direttrice del museo – è in continua evoluzione. Qualsiasi edificio storico racchiude molte testimonianze di svariati periodi ed ogni epoca è importante".

All'esterno la casa permette di intravedere il passato, mentre quando si entra si torna proprio indietro nel tempo. I mobili sono stati meticolosamente restaurati e più li si osserva da vicino più i dettagli sembrano reali: sul tavolo un mazzo di carte è aperto accanto a un bicchierino di Madeira; il lavoro a maglia della signora è adagiato sulla sedia nell'angolo; al muro, la pendola fa tic-tac e batte l'ora come in passato.

Sul tavolo della cucina ci sono una pagnotta e delle carote tagliate a dadini, pronte per essere messe in padella. Il tempo si è fermato. Mancano solo i Dyckman. L'unico dettaglio che stona è il visitatore, strano fantasma del futuro.

Nella cantina si intravede una parte delle fondamenta: un pezzo di roccia dove è stato inciso una specie di ideogramma: due quadrati sovrapposti e collegati da linee. Si tratta di un gioco di società – il gioco del mulino – probabilmente inciso per i bambini dei Dyckman.

22.

Isham Park, entrata sud
Broadway e 211th Street
nycgovparks.org/parks/isham-park
Linea 1 / 207th Street

LA PIETRA MILIARE N. 12

La sentinella silenziosa

C'è uno strano blocco di arenaria incastrato nel muro all'entrata di Isham Park. Si distingue dal granito circostante per la forma regolare ed il colore di terra della sua superficie porosa. Milioni di persone, a piedi o in bicicletta, ci passano davanti senza fermarsi. Per questi è una pietra anonima, per gli storici di New York è un reperto noto come pietra miliare n.12.

Le pietre miliari sono monumenti particolari e suggestivi. Sono semplici pietre che racchiudono un messaggio di una serie ma in un attimo possono evocare cavalli al galoppo, il passaggio di una diligenza e nubi di romantica polvere. È anche possibile collezionarle. Manhattan si estende su 14 miglia e molti studiosi si sono smarriti sui bordi delle strade, nei sotterranei abbandonati, o negli archivi e tra le mappe delle biblioteche alla ricerca delle 14 pietre miliari originali della penisola.

Le prime 14 pietre originali vennero piantate nel 1769, nell'ambito di un progetto per la regolarizzazione delle tariffe postali proposto dal vice ricevitore postale Benjamin Franklin. Con l'odometro da lui inventato, misurò di persona la distanza del tratto di strada tra New York e Boston. Questa arteria, che veniva chiamata la Boston Post Road, era giù in uso da cento anni ma non era mai stata delimitata con cippi. "Una strada degna di rispetto – scrisse allora Richard J. Koke, responsabile della Historical Society ed esperto di pietre miliari – deve essere punteggiata di cippi ben tagliati."

Con l'evoluzione del piano cittadino e l'allargamento e lo spostamento delle strade, le pietre miliari furono tolte e dimenticate. Alcune sparirono per sempre; altre furono ritrovate in giardini privati, nelle discariche o incastrate in scalinate. La n. 10 fa parte della collezione della New York Historical Society, la n. 11 si trova nella residenza Morris-Jumel e si ignora dove siano andate a finire le n. 13 e 14.

La n. 12 si trovava originariamente in Post Road, all'angolo della 190th Street. Le distanze furono ricalcolate nel 1813 quando fu definito il "miglio zero" a City Hall, recentemente inaugurato, e la pietra miliare fu rimossa (e forse tagliata). L'iscrizione incisa – *12 MILES FROM N.YORK* – fu probabilmente danneggiata da vandali a colpi di pistola.

Solamente nel XIX secolo fu inserita nel muro dove si trova ora: consumata, muta, ignorata, è la più vecchia che si possa trovare a Manhattan.

23.

Inwood Hill Park, tra Dyckman St,
l'Hudson River e il canale di Harlem
nycgovparks.org/parks/inwoodhillpark
Linea A / Dyckman Street o Inwood – 207th Street
Linea 1 / 207th o 215th Street

LE CAVERNE INDIANE DI INWOOD HILL

L'ultima foresta di Manhattan

A parte le mandrie di mastodonti (s.v. pag. 180), è difficile immaginare che Manhattan fosse un territorio in cui le comunità di Nativi americani cacciavano (orsi, cervi, tacchini), pescavano (soprattutto ostriche) e, come hanno suggerito gli storici, attraversavano l'isola a bordo di canoe, utilizzando una rete di fiumi tra loro collegati. A partire dal 1620, lo sviluppo urbano di Manhattan può essere figurativamente immaginato come una polveriera scoppiata a Battery Park e gradatamente propagatasi fino alla punta nord-occidentale dell'isola. In questo punto si trova Inwood Hill Park, l'ultima foresta di Manhattan, l'unico luogo che ancora possa far pensare all'ambiente in cui vivevano i primi newyorchesi, i Lenapi.

La principale attrazione di quest'area della Manhattan preistorica sono le caverne indiane. Sul fianco roccioso che scende fino al fiume, alcuni strapiombi naturali fungevano da riparo temporaneo agli accampamenti dei Lenapi e in un certo punto queste caverne, che un tempo erano più profonde di oggi, attraversavano enormi rocce da una parte all'altra. Il primo studio archeologico di quest'area fu effettuato alla fine del XIX secolo da due entusiasti dilettanti (l'unica categoria di archeologi a quel tempo): William Calver e Reginald Bolton, che perlustrarono il nord di Manhattan alla ricerca di oggetti fabbricati. In seguito, Calver scrisse che il pesce e la selvaggina, e naturalmente i ripari rocciosi naturali, rendevano la parte settentrionale dell'isola un "territorio con caratteristiche uniche per la vita primitiva" – un'opinione che non è mai stata contestata.

Può sorprendere che la frenesia dello sviluppo urbano abbia risparmiato un pezzo della storia amerindia ed anche il suo ambiente originale: tulipifere di altezza sbalorditiva, colline alberate popolate da uccelli di ogni specie (passeracei, cardinali rossi, falchi e, in inverno, aquile dalla testa bianca) e, in alto, nei sentieri serpeggianti, nessuna traccia del mondo moderno, a parte il rombo lontano di un aereo nel cielo.

La parola Manhattan è di origine lenape, ma il suo significato non è noto. Robert Juet, collaboratore dell'esploratore inglese Hudson, trascrisse il termine Manna-hata nel 1609 e, un anno dopo, il nome comparve per la prima volta su una cartina. Può essere tradotto con "isola" (menatay in lenape), "luogo in cui raccogliere la legna per costruire archi" (manahatouh) o anche "luogo di ebbrezza generale" (manahactanienk).

É nel settembre del 1995, a Peshawar, in Pakistan, a 20 km dalle aree tribali che visiterà pochi giorni dopo, che Thomas Jonglez ha l'idea di fissare su carta gli angoli segreti che conosce di Parigi. Durante questo viaggio di 7 mesi da Pechino a Parigi, attraversa anche il Tibet (in cui rientra di nascosto, celato da alcune coperte in un autobus notturno), l'Iran e il Kurdistan, senza mai prendere l'aereo: in barca, in autostop, in bicicletta, a cavallo, a piedi, in treno o in autobus, e raggiunge Parigi appena in tempo per festeggiare il Natale con la sua famiglia.

Al suo ritorno nella città natale, trascorre due anni fantastici, andando alla scoperta di quasi tutte le strade di Parigi per scrivere, insieme a un amico, la sua prima guida ai luoghi segreti della capitale francese. Lavora, in seguito, 7 anni nel settore siderurgico prima di sentire nuovamente il richiamo della passione della scoperta. Crea la sua casa editrice nel 2005 e nel 2006 va a vivere a Venezia.

Nel 2013, in cerca di nuove avventure, parte con la famiglia da Venezia per un viaggio di 6 mesi verso il Brasile, passando per la Corea del Nord, la Micronesia, le Isole Salomone, l'Isola di Pasqua, il Perù e la Bolivia.

Dopo aver vissuto per sette anni a Rio de Janeiro, ora vive a Berlino con sua moglie e i suoi tre figli.

Edizioni Jonglez ormai pubblica libri in 9 lingue venduti in 40 Paesi.

Atlanti

Atlante dei luoghi abbandonati
Atlante degli eventi atmosferici estremi
Atlante dei vini insoliti
Atlante delle curiosità geografiche

Atlanti segreti

Parigi - L'Atlante segreto
Venezia - L'Atlante segreto

Collezione L'Altra Guida

Barcellona - 30 esperienze
Bruxelles - L'Altra Guida
Detroit - L'Altra Guida
Kyoto - Guida alle migliori esperienze
Lisbona - L'Altra Guida
Milano - L'Altra Guida
Roma - Guida alle migliori esperienze
Soul of Amsterdam - Guida alle 30 migliori esperienze
Soul of Atene - Guida alle 30 migliori esperienze
Soul of Berlino - Guida alle 30 migliori esperienze
Soul of Los Angeles - Guida alle 30 migliori esperienze
Soul of Marrakech - Guida alle 30 migliori esperienze
Soul of New York - Guida alle 30 migliori esperienze
Tokyo - L'Altra Guida
Venezia - Guida alle migliori esperienze

Libri fotografici

Bajkonur - Quel che rimane del programma spaziale sovietico
Chiese abbandonate - Luoghi di culto in rovina
Giappone abbandonato
Italia abbandonata
L'arte del recupero - idee insolite per arredare
Luoghi dell'abbandono - Esplorazioni insolite di un patrimonio dimenticato
Patrimonio abbandonato
Siti sacri segreti
URSS abbandonata
USA abbandonati
Venezia deserta
Venezia vista dal cielo

In inglese
Abandoned Asylums
Abandoned Australia
Abandoned Belgium
Abandoned cinemas of the world
Abandoned France
Abandoned Germany
Abandoned Lebanon
Abandoned Spain
Abandoned world – An AI-generated exploration
After the Final Curtain – The Fall of the American Movie Theater
After the Final Curtain – America's Abandoned Theaters
Cinemas – A French heritage
Clickbait – A visual journey through AIgenerated stories
Forbidden France
Forbidden Places – Vol. 1
Forbidden Places – Vol. 2
Forbidden Places – Vol. 3
Forgotten France
Forgotten Heritage

Guide insolite e segrete

Amsterdam insolita e segreta
Barcellona insolita e segreta
Bergamo insolita e segreta
Berlino insolita e segreta
Bologna insolita e segreta
Brescia insolita e segreta
Buenos Aires insolita e segreta
Campania insolita e segreta
Corsica insolita e segreta
Dolomiti insolite e segrete
Firenze insolita e segreta
Genova insolita e segreta
Istanbul insolita e segreta
Lisbona insolita e segreta
Londra insolita e segreta
Madrid insolita e segreta
Milano insolita e segreta
Molise insolito e segreto
Napoli insolita e segreta
New York insolita e segreta
Parigi insolita e segreta
Piemonte insolito e segreto
Praga insolita e segreta
Rio insolita e segreta
Roma insolita e segreta
Tokyo insolita e segreta
Torino insolita e segreta
Toscana insolita e segreta
Veneto insolito e segreto
Venezia insolita e segreta
Vienna insolita e segreta

In inglese
Secret Bali – An unusual guide
Secret Bangkok
Secret Bath – An unusual guide
Secret Belfast
Secret Brighton – An unusual guide
Secret Brooklyn
Secret Brussels
Secret Cape Town
Secret Copenhagen
Secret Dublin – An unusual guide
Secret Edinburgh – An unusual guide
Secret French Riviera
Secret Geneva
Secret Glasgow
Secret Granada
Secret Helsinki
Secret Johannesburg
Secret Liverpool – An unusual guide
Secret London – Unusual bars & restaurants
Secret Los Angeles
Secret Mexico City
Secret Montreal – An unusual guide
Secret New Orleans
Secret New York – Curious activities
Secret New York – Hidden bars & restaurants
Secret Provence
Secret Seville
Secret Singapore
Secret Sussex – An unusual guide
Secret Washington D.C.
Secret York – An unusual guide

Seguiteci anche su Facebook e Instagram

RINGRAZIAMENTI

Summer Ash, Ana-Maria Lucaciu, Nelson Hancock, Lucien D'Azay, John Garrett, J.P. Bernbach, Ellen Adamson, Jason & Mari Tuttle, Mika Karlsson, Alex Ekman, Dave Arnold, Carl Mehling, New-York Historical Society library, Anisa Tejpar, Nicole Pangelinan, Lloyd Sandefur, Bob Stevenson, Jerry Seigler, Andy Young, Reggie Bolton, Bram Gunther, Chiara Barbieri, Saint Patrick's Cathedral, Connie Swierkowski, Rafael Balaguer, Columbia University Classics Department, Clancy Nolan, Mark Emanuel, Benjamin Tzafa, Matteo Pagani, Fred Fishel, Hilary Birch, Yoko Fuchikawa, Silvano Campanale, Laura Guillaume, Dave Strasburg, Fred Michelman, Mark Meretzky

CREDITI FOTOGRAFICI

Tutte le foto sono di **T.M. Rives** a eccezione di:

Alix Piorun: Il triangolo di Hess, Gli spioncini dell'*IFC Center*, I resti del Pier 54, Stemmi della Avenue of the Americas, Statua di Lenin in Norfolk Street, Corona del pulpito di St Paul's
Couverture: © Jo Wiggijo de Pixabay

CREDITI TESTI

Tutti i testi sono di **T.M. Rives** a eccezione di:
Hannah Frishberg: Il triangolo di Hess, Gli spioncini dell'*IFC Center*, I resti del Pier 54

Cartografia: **Cyrille Suss** - Grafica: **Coralie Cintrat e Emmanuelle Willard Toulemonde** - Traduzione: **Iperbole e Manuela da Corta** - Lettura e correzione: **Carla Toffolo, Alessandra Giordani, Beatrice Costacurta e Valerio Ceva Grimaldi** - Edizione: **Clémence Mathé**

Deposito legale: Marzo 2026 – Edizione : 01
ISBN: 978-2-36195-905-0
Stampato in Italia a cura di L.E.G.O.